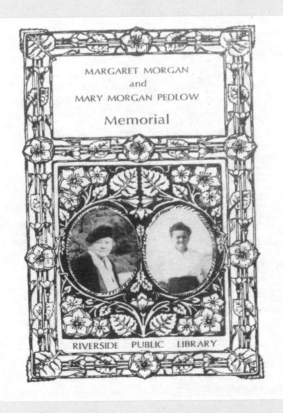

Sueños sencillos

Memorias musicales

Linda Ronstadt

Simon & Schuster Paperbacks

Nueva York   Londres   Toronto   Sídney   Nueva Delhi

Simon & Schuster Paperbacks
Una división de Simon & Schuster, Inc.
1230 Avenue of the Americas
New York, NY 10020

Primera edición en rustica de Simon & Schuster, septiembre 2013

"Long Time Long": Letra y música de Gary White © Universal Music
Corporation. Reproducida con permiso de Hal Leonard.

"Heart Like a Wheel": Letra y música de Anna McGarrigle © Anna McGarrigle
Music. Administrada por Kobalt Music Publishing America, Inc. Reproducida
con permiso de Kobalt Music.

"Still Within the Sound of My Voice": Letra y música de Jimmy Webb © Seventh
Son Music, Inc., c/o Música de Windswept y Bug Music. Inc. Reproducida con
permiso de Hal Leonard

Para obtener información respecto a descuentos especiales en ventas
al por mayor, diríjase a Simon & Schuster Special Sales al 1-866-506-1949
o a la siguiente dirección electrónica: business@simonandschuster.com.

La Oficina de Oradores (Speakers Bureau) de Simon & Schuster
puede presentar autores en cualquiera de sus eventos en vivo. Por más
información o para hacer una reservación para un evento,
llame al Speakers Bureau de Simon & Schuster, 1-866-248-3049
o visite nuestra página web en www.simonspeakers.com.

*Las fotografías provienen de la colección de la autora, salvo los casos en los que se indica
lo contrario.*

Diseñado por John Kosh con Nancy Singer

Impreso en los Estados Unidos de América

10 9 8 7 6 5 4 3 2 1

Library of Congress Cataloging-in-Publication Data
Ronstadt, Linda.
  Simple dreams : a musical memoir / Linda Ronstadt.
     pages   cm
  Includes index.
  1. Ronstadt, Linda. 2. Singers—United States—Biography.
  I. Title.
  ML420.R8753A3   2013
  782.42164092—dc23   2013009309
  [B]

ISBN 978-1-4767-4089-8
ISBN 978-1-4767-4090-4 (ebook)

Para Mary y Carlos

Truth is simple, but seldom ever seen
Let nothing come between simple man, simple dream.

—John David Souther, "Simple Man, Simple Dream"

Amo, lloro, canto, sueño.

—Rafael Bolívar Coronado y Pedro Elías Gutiérrez,
"Alma Llanera"

Contenido

Contenido

Sueños sencillos

Sonriendo a nuestro gran gato y usando el vestido que mi madre hizo para que usara en mi primer día de escuela.

1

Tucson

Julio de 1946

DE CAMINO AL HOSPITAL el día en que nací, mi madre quería una hamburguesa. Tenía hambre, y tal vez quería reunir fuerzas antes de la labor brutal de parir un bebé, algo inminente y amenazante para ella. Llovía mucho, y las calles estaban muy inundadas. Mi padre, que era un hombre prudente, quería asegurarse de que yo naciera en el hospital y no en su coche. Amaba a mi madre con ternura y era poco probable que le negara algo que no fuera razonable, pero le negó la hamburguesa, y por eso pasé del mundo acuoso de su interior al mundo exterior del desierto de Arizona en medio de un aguacero.

En el desierto, la lluvia es siempre un motivo de júbilo. Julio y agosto traían las violentas lluvias estacionales de las que dependía toda la vida, entre ellas la mía.

Me llevaron a la casa de adobes que mis padres habían construido en los últimos diez acres del rancho de mi abuelo Fred Ronstadt. Él lo había vendido por parcelas durante los años apremiantes de la Gran Depresión, y se dedicó al próspero negocio de la ferretería que había construido en el centro de Tucson a finales del siglo XIX, con el que mantenía a mi abuela y a sus cuatro hijos. Llevaba con orgullo el nombre de "Compañía de Ferretería F. Ronstadt" y ocupaba casi toda una manzana. Lo recuerdo como un lugar maravilloso, con pisos de madera sólida y el omnipresente olor a aceite de diesel. En su interior había tractores, excavadoras, bombas, molinos de viento, cubos llenos de clavos, equipos de camping, herramientas de alta calidad, y artículos para el hogar.

Mi abuelo, que había nacido en Sonora, México, negociaba con todos los rancheros mexicanos que vivían a tres o cuatro días de distancia, un viaje que mi padre hacía con frecuencia en coche. En aquellos días, la frontera era un lugar muy agradable y fácil de cruzar. Conocíamos a muchas familias en el norte de México, y asistíamos a fiestas, picnics, bodas y bautizos. Mis padres nos llevaban con frecuencia a Nogales, al otro lado de la frontera, y a sus tiendas fabulosas donde hacíamos compras. Luego, íbamos a los recovecos frescos y sofisticados del Cavern Café, donde nos servían una deliciosa sopa de tortuga.

Extraño profundamente aquellos tiempos en que la frontera era una línea permeable y las dos culturas se mezclaban de un modo agradable y natural. Últimamente, la frontera se parece más al Muro de Berlín, y funciona principalmente para separar a las familias e interferir con la migración de la vida silvestre.

Mi padre, además de trabajar en la ferretería y de estudiar en la Universidad de Arizona en Tucson, le ayudaba a mi abuelo en los ranchos que tenía.

Mi madre, llamada Ruth Mary, nos dijo que la primera vez que vio a mi padre, él iba en su caballo por las escaleras de su casa de hermandad. Estaba siguiendo a otra persona, pero sus ojos no tardaron en posarse en ella.

En 1934, ella había hecho el viaje de tres días en tren desde su estado natal de Michigan a la Universidad de Arizona, donde se matriculó para estudiar matemáticas y física. Le apasionaban las matemáticas. Cuando estaba preocupada o no podía dormir, la encontrábamos sentada a las tres de la mañana en la mesa del comedor, resolviendo un problema de cálculo.

Su padre era Lloyd G. Copeman, conocido por haber inventado la tostadora y la estufa eléctrica, las bandejas de cubitos de hielo elaboradas con caucho, y la pistola neumática de grasa. También administraba una granja lechera experimental en Michigan e inventó una máquina de ordeño a principios del siglo XX. La utilizó para demostrar uno de sus inventos, una versión de 1918 del horno microondas al que llamaba "calor frío" luego de freír un huevo a través de un periódico. Nunca patentó el horno, pues creía que era demasiado caro de fabricar. Trabajó estrechamente con Charles Stewart Mott, entonces presidente de la junta directiva de General Motors, y desarrolló una gran cantidad de equipos con tecnología de punta en la fábrica de Buick en Flint, Michigan.

El viejo señor Mott quería mucho a mi madre y venía a visitarnos con frecuencia a Tucson, que en aquel entonces era una región agreste. Fue caricaturizado en los años cincuenta con sus pobladas y enormes cejas blancas como el General Bullmoose en *Li'l Abner*, una tira cómica de Al Capp que se publicó por mucho tiempo y que leíamos regularmente en el diario *Tucson Daily Citizen*.

Con semejantes antecedentes, seguramente mi madre debió pensar que mi padre, y el desierto de Arizona que lo había moldeado, eran bastante exóticos.

Mi padre, conocido como Gilbert, era guapo y algo tímido. Rara vez hablaba a menos que tuviera algo digno qué decir. Cuando lo hacía, sus palabras transmitían una autoridad reposada. Tenía una hermosa voz de barítono, que sonaba como una mezcla entre Pedro Infante —el famoso ídolo cinematográfico y cantante mexicano— y Frank Sinatra. Cantaba con frecuencia en escenarios locales como el Teatro Fox de Tucson, donde era presentado como "Gil Ronstadt y su Megáfono Estrellado". Le daba serenatas a mi madre bajo la ventana con bonitas canciones mexicanas como "La Barca de Oro" y "Quiéreme Mucho".

A esto se le sumaba el hecho de que cuando mi madre conoció a mi abuelo, quien era autodidacta, él la deslumbró con sus conocimientos de geometría y cálculo. Mi madre seguramente pensó que se iba a unir con un acervo genético que produciría matemáticos, pero mi abuelo también era músico, y ella tuvo hijos músicos.

A finales del siglo XIX, mi abuelo era el director de una banda musical llamada el Club Filarmónico Tucsonense. Le enseñaba a la gente a tocar sus instrumentos, dirigía la banda, componía y hacía los arreglos, y tocaba la flauta. Tengo la parte para corneta —que escribió a mano— de un arreglo instrumental que hizo de *Los Piratas de Penzance* en 1896.

Era viudo cuando se casó con mi abuela. La hija de su primer matrimonio, Luisa Espinel, era una cantante, bailarina y especialista en música que recopiló e interpretó canciones y bailes tradicionales del norte de México y de muchas regiones de España. También hizo una breve aparición cómica como bailarina española en *El diablo es una mujer*, una película protagonizada por Marlene Dietrich en 1935.

En los años veinte, ella le escribió una carta a mi abuelo desde España, donde se había estado presentando. Le decía que estaba tremendamente entusiasmada con un guitarrista que había contratado para que la acompañara. Decía que era un intérprete tan brillante que podía mantener cautiva a la audiencia cuando ella abandonaba el escenario para cambiarse de traje. Quería llevarlo a los Estados Unidos porque estaba segura de que tendría un gran éxito entre el público estadounidense, y que consolidaría su propia carrera. Se llamaba Andrés Segovia.

Cuando estábamos pequeñas, las visitas de la tía Luisa eran sumamente emocionantes; le enseñó a mi hermana a bailar el "shimmy", a tocar las castañuelas y la dejaba probarse los hermosos trajes regionales españoles que había usado como bailarina.

Había vivido muchos años en España, donde se casó con un pintor comunista que había apoyado la causa republicana durante la Guerra Civil Española. Mi tía había sido amiga del poeta Federico García Lorca, y solía tocar la guitarra mientras él recitaba sus hermosos poemas. Nos parecía delirantemente glamorosa. Muchos años después, tomé el título de una colección de canciones e historias populares mexicanas que ella publicó, llamadas *Canciones de mi padre*, y las utilicé para titular mi primera grabación de canciones tradicionales mexicanas.

Mis padres se casaron en 1937. Entre ese año y el comienzo de la Segunda Guerra Mundial, tuvieron a mi hermana Suzy, y a mi hermano Peter.

Cuando la guerra comenzó y mi padre se enlistó en el ejército, mi madre empezó a trabajar de noche en la torre de control de la base Davis-Monthan, situada en las afueras de Tucson. Hacia el final de la guerra, los aviones que despegaban de allí para combatir eran en su mayoría Boeing B-29 Superfortress completamente nuevos. Cuando la guerra terminó, todos los aviones, con la excepción de unos pocos que aún estaban en condiciones de volar, regresaron a Davis-Monthan, que fue convertida parcialmente en un cementerio de aviones inservibles de la Segunda Guerra Mundial. Su trayectoria de vuelo los hacía pasar directamente encima de nuestra casa. Mi madre oía el sonido de los motores, salía corriendo y los saludaba frenéticamente. Nosotros, que éramos niños, también los saludábamos con las manos. Ella los había dirigido al campo de batalla desde su torre de control, y debió sentir cierta obligación y no poca emoción cuando les daba la bienvenida a los tripulantes que habían logrado regresar con vida.

Mi infancia estuvo impregnada con el sonido de los B-29, y yo trataba de emularlo con frecuencia en los arreglos de cuerda durante mis grabaciones; parece aflorar en el rechinar entre el cello y el contrabajo, en particular en el intervalo de una quinta.

Mi abuelo estuvo a un paso de perder su ferretería en los vaivenes traicioneros de la Gran Depresión y la Segunda Guerra Mundial. Su negativa a ejecutar las hipotecas de los agricultores y ganaderos que tenían las mismas dificultades que él no le ayudó en su propósito, pero él era muy querido y respetado en todo el valle y también en México, como un hombre bueno que mantenía su palabra.

Durante la Depresión, mi padre rechazó una oferta de Paul Whiteman, el líder de banda más popular de su época, para hacer una gira como su "niño cantante". A través de los años, otros cantantes que participaron en la orquesta de Whiteman fueron Bing Crosby, Mildred Bailey y Billie Holiday. Creo que esa decisión le causó cierta decepción a mi padre, pero sus lealtades familiares prevalecieron. Él y sus hermanos le ayudaron a mi abuelo con el rancho y la ferretería. Finalmente vendieron el rancho e invirtieron el dinero en la ferretería. Se las arreglaron para sobrevivir a la depresión y consolidar el negocio.

Nunca tuvimos dinero extra, pero sí lo necesario. Mi madre solía decir en broma que cuando conoció a mi padre, él tenía un convertible rojo, un caballo, un rancho y una guitarra. Y cuando se casó con él, lo único que le quedaba era la guitarra. Él también tenía a mi madre. Rara vez se peleaban, y cuando lo hacían, era lejos de nosotros. Siempre se apoyaron mutuamente, y su matrimonio duró hasta la muerte de mi madre, en 1982.

Los recién llegados al desierto se sorprenden cuando les digo que lo más peligroso no es el venenoso monstruo Gila o la serpiente cascabel *sidewinder* que viven allí, sino el agua, que no es absorbida rápidamente por el suelo compacto del desierto. Esta cubre toda la superficie del suelo y refleja las nubes grises que ocultan temporalmente el calor implacable y el resplandor del sol de verano. Esto le da al cielo y a la tierra una luminosidad plateada típica de los paisajes desérticos, y transforma el desierto en algo que parece una delicada construcción en cristal veneciano brillante.

El agua puede represarse detrás de los arbustos y escombros que han bloqueado un cauce seco o arroyo, y cuando la presión es mayor de lo que pueden soportar los arbustos, el resultado es una inundación repentina. El agua adquiere la apariencia de un animal deforme y furioso. El mero sonido puede asustarte muchísimo. Rocas enormes ruedan por los lechos de los ríos, haciendo un gruñido estruendoso y amenazador, y luego está el estrepitoso raudal de agua que puede arrastrar cualquier cosa, desde enormes troncos hasta pedazos de cerca de algún rancho, e incluso la camioneta de algún ranchero.

Cuando yo era muy pequeña, nos advirtieron que fuéramos de inmediato a las tierras altas si había alguna señal de lluvia en el horizonte. Sabíamos que no podíamos permanecer en los ríos y remansos generalmente secos donde pasábamos varias horas buscando rubíes de arena, fragmentos de cerámicas indígenas, y hasta oro. Mi padre nos había enseñado a utilizar una bandeja poco profunda y a lavar la arena con paciencia hasta "obtener un poco de color". La tierra de Arizona es tan rica en minerales que a veces veíamos algo brillar en la bandeja, pero no con tanta frecuencia ni en cantidades suficientes como para hacernos ricos.

Moverse en el desierto era una labor ardua y calurosa. A veces estábamos descalzos, y el suelo era tan caliente en verano que nos producía ampollas. El remedio para esto consistía en mojarnos los pies, sumergirlos en polvo seco de arcilla, luego en un poco de barro mojado, y de nuevo en el polvo hasta formar varias capas de tierra que nos aislaban del calor. Lo llamábamos hacer "huaraches de barro" y era un remedio muy eficaz. Si no estabas cerca de una manguera o de un charco, tenías que correr entre una sombra y otra, las cuales parecían existir en cantidades exiguas y tortuosas. Cuando estábamos preparados para montar nuestros caballos, nos aplicábamos otra capa para aislar el intenso calor de la tierra.

Lo primero que recuerdo querer realmente alguna vez, además de la cercanía de mis padres, fue un caballo. Este deseo era tan intenso como el hambre y la sed. Me quedaba mirando fotos de ellos en mis pequeños libros, y los dibujaba y coloreaba con mis lápices y crayolas, generalmente de colores como turquesa pálido, lavanda y rosado, y no con los colores más prosaicos de piel de ante, laurel y alazán que había visto en las pieles de los caballos reales.

Había una niña dos años mayor que yo; tenía siete hermanos, vivía muy cerca y yo la visitaba con frecuencia. Se llamaba Dana, era amable, inteligente, y tenía lo que yo más anhelaba: un poni llamado Pinturita, con manchas negras y blancas; no he conocido un animal más ejemplar. Los ponis Shetland suelen ser traviesos y pueden ser bastante alocados, corcovear, morder y negarse a obedecer a sus pequeños jinetes. ¿Quién puede culparlos después de todo lo que los obligamos a hacer, fastidiándolos con sillas de montar y frenos de metal rígido, para luego esperar que nos arrastren bajo el sol caliente de Arizona?

Pinturita, un cruce de poni Shetland con poni escocés —que tienen un carácter más dulce y son un poco más grandes— era todo un caballero. Era el único poni, así que Dana y yo nos trepábamos en su lomo redondo y lo cabalgábamos juntas. Era un animalito resistente que nos llevaba sin quejarse adondequiera que le ordenáramos. También lo enganchábamos a la carreta de

Dana, y nos llevaba por la carretera asfaltada a la farmacia Fort Lowell, que tenía una fuente de soda. Era como tener un coche a los cuatro años.

Empecé a pedirle un poni a mis padres, mientras me dejaba caer en el suelo y suspiraba visiblemente, dando a entender que, sin un poni, mis posibilidades de sobrevivir eran remotas. Pocos meses antes de que yo cumpliera cinco años, mi padre, haciendo gala de auténtica misericordia, decidió comprarme un poni. En aquellos días, esto se podía hacer con muy poco dinero.

El padre de Dana administraba una pequeña granja y también era fotógrafo. Fotografiaba niños vestidos con trajes de vaquero montados en Pinturita. Tenía otro poni que no se prestaba para las fotos, muy probablemente porque era un Shetland puro y tenía menos paciencia con el lastre de que todo el día cargaran y descargaran de su lomo a niños vestidos de vaqueros.

Se llamaba Murphy, y el apellido de Dana era O'Sullivan.

Murphy era pequeño y negro, y con su pelaje lanudo de invierno, se veía exactamente igual que una oruga gigante. Inmediatamente me enamoré de él. Mi padre hizo arreglos con el señor O'Sullivan, y Murphy se fue a vivir con nosotros.

Era un poco malgeniado, y solía tumbarme del lomo y galopar hasta mi casa. Forcejeaba con la tapa metálica donde estaba su avena, y empezaba a devorar su comida nocturna. Yo lo encontraba masticando allí después de regresar caminando, roja como una remolacha debido al calor y a la mortificación de haberme tumbado. Mi represalia consistía en llevar a Murphy a nuestra casa, que era mucho más fresca que su establo, y darle un helado.

A veces se arrastraba bajo el alambrado de su establo y recorría carreteras asfaltadas llenas de tráfico hasta encontrar la parcela más cercana, donde un señor tenía un césped con tréboles. Esto era mucho más sabroso que el pasto Bermuda que había en nuestro césped. El propietario llamaba muy molesto a mi madre. Todos los habitantes de la zona conocían a Murphy, y sabían dónde vivía. Mi madre tenía un sedán Chevrolet 1951, al que llamaba "Frank y Ernesto". Retiraba el asiento de atrás, se dirigía al césped con tréboles, apretujaba a Murphy en la parte trasera de Frank y Ernesto, y regresaba a casa mientras Murphy miraba alegremente a su alrededor, sacando la cabeza por la ventana. Mi madre le daba zanahorias frescas de su huerta, terrones de azúcar y hojas de maíz, que Murphy comía con fruición. En verano, yo recogía sacos de mezquite y los llevaba a su establo. Nos encantaba comer la legumbre del mezquite, que es dulce como el caramelo, está llena de nutrientes, y es mejor que la avena para alimentar a un caballo y darle brillo a su pelaje. Durante la estación lluviosa, yo llevaba del cabestro a Murphy a las hierbas dulces que crecían en las zanjas regadas por la escorrentía. Él seguía tumbándome al suelo cada vez que se cansaba de llevarme. Éramos inseparables.

Dana y yo ensillábamos los ponis por la mañana, nos encontrábamos a medio camino entre nuestras casas, y nos dirigíamos al Río Rillito, que estaba cerca y permanecía completamente seco la mayor parte del año; cabalgábamos en nuestros ponis por un costado inclinado y luego subíamos con dificultad por el lado opuesto, igualmente inclinado. Íbamos al piedemonte de las Montañas Catalina, que en esa época no estaban contaminadas con el desarrollo urbanístico codicioso y atrevido que continúa socavando su belleza y singularidad.

El lugar donde crecí no se parecía en absoluto a las imágenes de los pequeños libros que leí en mi infancia. Me preguntaba qué lugar tendría tanta abundancia de plantas "lollipop" y exuberantes prados verdes que ni siquiera tenían que ser regados con agua. En su lugar, teníamos los cactus gigantes conocidos como saguaros. Estos enormes seres vegetales (no se me ocurre otra manera de describirlos) crecen a pocos cientos de millas de Tucson, y en ningún otro lugar sobre la faz de la tierra. Son los recolectores de agua más inteligentes que existen, y pueden expandir su piel verde y curtida para almacenar hasta una tonelada de agua. Los saguaros dan una flor blanca, extravagante y voluptuosa, que es el gesto más valiente que puedo imaginar en un entorno tan completamente hostil al crecimiento de las plantas.

Todo en el desierto parece querer inyectarte veneno o propinarte una herida brutal con una espina, pero rara vez nos sucedió eso. Prefiero pensar que estábamos amorosamente protegidas por el gran sentido común y el valor vigilante de Murphy y de Pinturita. Recuerdo que una tarde, Pinturita se detuvo súbitamente al ver una gran serpiente cascabel que avanzaba delante de nosotros en el sendero.

Nuestros padres esperaban que regresáramos a casa antes del anochecer, y no teníamos motivos para perder tiempo, pues no queríamos estar en un lugar con tantas espinas y serpientes después de la puesta del sol. El regreso a casa siempre parecía tomarnos la mitad del tiempo, ya que Murphy y Pinturita estaban ansiosos por su cena. Nos aferramos como erizos a sus lomos y cabalgamos como el viento. También estábamos ansiosas por nuestra cena.

Un año antes de que Murphy llegara a nuestras vidas, mi madre había traído a casa un cachorro springer spaniel café y blanco. Lo llamó "Su Señoría el Juez" porque sus orejas rizadas le recordaban las pelucas usadas en la corte británica. A finales de una tarde, íbamos por la carretera en Frank y Ernesto; mi madre conducía y el cachorro iba conmigo en el asiento trasero. Algún impulso canino hizo que Su Señoría saltara del asiento trasero al regazo de mi madre, lo cual tuvo el efecto infortunado de enviarnos a una zanja a un lado de la carretera. Mi madre permaneció muy calmada. Recuerdo que nos dijo: "¡Bien! ¡Aquí estamos!" con voz alegre, y luego salió del coche para sacarme. Mis rodillas estaban desolladas, pero ninguna de las dos parecía estar herida de gravedad. Caminamos hasta la estación de servicio más cercana, y alguien nos llevó a casa.

A la mañana siguiente, mi madre se inclinó sobre el lavamanos mientras se cepillaba los dientes. Un instante después, estaba tendida en el suelo y no podía mover las piernas. Permaneció calmada una vez más, y no sospeché que le había sucedido algo grave. Mi padre le ayudó, y también se veía muy tranquilo. Poco después, llegaron unos hombres con una impecable camilla sobre ruedas, acomodaron a mi madre en ella, la sacaron por la puerta y la subieron a una ambulancia. Yo estaba fascinada con la camilla, con sus sábanas frescas, con la manta cuidadosamente doblada, y quería acostarme en ella.

Esperaba que trajeran a mi madre después de darle un corto paseo por el vecindario, pensando que yo pasaría toda la mañana ayudándole a hacer las camas y a colgar la ropa mojada, a recoger las hojas del patio, alimentar las gallinas y a recoger los huevos. Pero mi madre no había llegado antes de dormirme, ni me había leído los libros de Oz, de L. Frank Baum, que ella conservaba desde su infancia, y que eran mis favoritos. Tampoco volvió a la mañana siguiente para el desayuno, y entonces comprendí que no se sentía bien y que la habían llevado en esa camilla al Hospital de Santa María. Yo había oído hablar de ese hospital porque mi hermano mayor había sido atropellado por un coche y lo habían llevado allí con una pierna rota. Le pusieron un yeso en la pierna, fuimos al hospital y lo llevamos de nuevo a casa. Mi hermana había sido tratada por polio en el mismo hospital, pero también había vuelto a casa y se encontraba bien. Yo no sabía qué problema tenía mi madre o cuándo podríamos llevarla a casa. Tampoco sabía que estaba completamente paralizada de la cintura para abajo y que no se esperaba que volviera a caminar.

Una mujer con los labios apretados, de expresión severa y ascendencia escocesa, vestida con un uniforme de rayas verdes, se mudó a nuestra casa de huéspedes. Había sido contratada para mantener la casa limpia, hacer la comida y cuidarnos a mi hermana Suzy, a mi hermano Peter y a mí; no es de extrañar que siempre estuviera de mal humor. Su comida tenía un sabor extraño; freía filetes de carne en una sartén hasta dejarlos grises y como si fueran pedazos de caucho. Fue ella quien nos dio a probar la gelatina. Yo no estaba en la escuela todavía, y todo el día permanecía con ella en casa. Se mantenía muy ocupada y era comprensible que me prestara muy poca atención, así que aprendí a entretenerme por mis propios medios. Pasaba horas imaginando que galopaba con Hopalong Cassidy y Topper, su gran caballo blanco y negro, persiguiendo cuatreros de ganado. Hopalong y yo éramos muy cercanos, y todo lo hacíamos juntos.

Aprendí cómo funcionaba el aparato con la radio y la grabadora, y giraba el dial por las emisoras de Arizona que comenzaban con la letra K. También podía sintonizar las estaciones mexicanas que comenzaban con la letra X. Ponían rancheras a todo volumen interpretadas por mariachis: polkas acompañadas con acordeón, valses y *corridos* del poderoso estado de Sonora. *¡Sí, señor!*

Esto era antes del rock and roll, y yo escuchaba los sonidos fantasiosos de un país que todavía se recuperaba de la guerra, con hombres que habían regresado a sus hogares luego de las pesadillas que habían sufrido y sobrevivido, y de las que no hablaban. Las canciones trataban básicamente de temas agradables y positivos: el amor y el matrimonio, perritos en las ventanas, y darle gracias a la vida.

Mi padre tenía algunos discos de 78 rpm, que eran mis preferidos. *Carmen* de Bizet, *Peer Gynt* de Grieg y Pastora Pavón, la cantante de flamenco, conocida como La Niña de los Peines, que cantaba en una jerga española que yo no podía entender. Yo deliraba con ella. De alguna manera, podía sentir que no cantaba acerca de algo agradable, sino de algo esencial. Se trataba de algo que anhelaba tanto que la consumía por dentro, así como yo me sentía cuando extrañaba a mi madre, que era todo el tiempo.

La mujer escocesa no había crecido en el desierto, por lo que no aceptaba que yo usara huaraches de barro. Ella insistía en que me pusiera mis pequeños y elegantes zapatos negros de cuero, que yo había usado solo para fiestas de cumpleaños y ya me quedaban pequeños. Me apretujaban los dedos y me sacaban ampollas en los talones, que yo reventaba con un alfiler y me producían un dolor infernal. Después de eso, no pude soportar los zapatos durante varios años, y siempre los compraba una talla más grande. La escocesa, que al parecer no sabía que yo tenía amigos poderosos como Hoppy y Topper, me golpeaba con un cepillo rosado para el cabello si me retorcía cuando trataba de hacerme trenzas. Me sentía muy inquieta, y quería que mi madre volviera a casa.

En aquellos días, los niños eran considerados como pequeñas y ruidosas fábricas de gérmenes, y no se les permitía visitar hospitales. Después de varios meses, mi padre me entró a escondidas por la ventana de la habitación de mi madre. Estaba tendida en una cama de tracción, y un yeso le cubría todo el cuerpo. La habitación olía a alcohol. Ella me sonrió y me sentí un poco tímida. No sabía muy bien qué decirle después de tanto tiempo. Había una nueva canción que habíamos aprendido en la radio. Decía "¡Ah, vete de aquí [con efectos de sonido de tambor] *bum, bum, bum,* y no vuelvas más!". Peter, Suzy y yo la cantábamos por toda la casa, golpeando cualquier superficie a manera de tambor. Me acerqué a su cama, canté la canción con todas las fuerzas de mis pulmones, y golpeé el *bum, bum, bum* en su cuerpo enyesado.

Mi madre estalló en carcajadas y el hielo se rompió. Luego me mostró la imagen de un mexicano con un sombrero grande y una sonrisa con dientes igualmente grandes que mi padre le había dibujado en el yeso. También me mostró el círculo que habían cortado con una pequeña sierra eléctrica en la parte delantera de su yeso, para que estuviera un poco más fresca en su calurosa habitación en medio del desierto, pues el aire acondicionado todavía no se utilizaba ampliamente. La cama de tracción tenía un aspecto bastante divertido, como si fuera un gimnasio para personas que tenían que permanecer en cama. Yo no sabía que mi madre había quedado paralizada ni que había sido sometida a una terrible cirugía para ver si caminaba de nuevo, utilizando una nueva técnica que probablemente no funcionaría. Esta consistía en tomar un pedazo del hueso de la espinilla y molerlo con el fin de hacer nuevas piezas para su pobre espalda fracturada, que fue ensamblada de nuevo como si se tratara de un rompecabezas implantado en su espalda. Fue la única vez que la vi en los primeros seis meses que mi madre estuvo en el hospital.

Cuando por fin llegó a casa, permaneció otros seis meses en cama, aunque ya podía dar pequeños pasos con un caminador. Yo jugaba todo el día en el piso de su habitación, y escuchábamos a Rosemary Clooney y Bing Crosby cantar en vivo en la radio. Me sentía muy emocionada, pues tenía de nuevo a mi madre.

En el segundo semestre, mi madre comenzó a mejorar día a día. Todavía tenía que usar un yeso en el torso, pero pudo moverse poco a poco sin el caminador. Comenzó a pasar largas horas en su máquina de coser, confeccionando vestidos que se ajustaran a su yeso, y hermosos vestidos de algodón para que mi hermana y yo utilizáramos en la escuela.

Durante el tiempo en que mi madre estuvo ausente, me acostumbré a tener mucha libertad, recorría el desierto con Dana en nuestros ponis y la idea de pasar el día sentada en mi pupitre en un aula atestada no me agradaba mucho. Peter, Suzy y todos los hermanos de Dana estudiaban en la escuela católica Santos Pedro y Pablo, donde yo estudiaría ese otoño. Había oído hablar mucho de sus quejas e historias, y estaba muy entusiasmada con los nuevos zapatos bicolores que me había comprado mi madre, pues tenían mucho espacio para mis dedos, pero yo los habría cambiado de inmediato por huaraches de barro y por poder pasar más tiempo con Murphy.

Siempre había sido muy tímida con otros niños. Antes de Dana, las únicas veces que había estado con otros niños era en las fiestas de cumpleaños de mi prima Nina. Siempre iba con vestidos de muselina de algodón de colores pasteles, y me llevaban a Agua Linda, el hermoso rancho ganadero de mi tío que se extendía por el valle entre Tucson y la frontera con México. La madre de Nina organizaba una linda mesa y nos preparaba un almuerzo maravilloso, incluyendo un pastel que giraba sobre un soporte con una caja de música. Luego, después de un paseo en carreta por los cultivos de algodón, jugábamos a ponerle la cola al burro y a romper una piñata. Los otros niños se peleaban por los dulces, y yo los observaba desde detrás de las piernas de mi madre, pues era demasiado tímida para estar con ellos.

Yo sabía que tendría que lidiar con mi timidez cuando entrara a la escuela, y olvidarme de los paseos en carreta.

Cuando yo estaba pequeña, me enseñaron que las vaqueras no lloran. No me sentí como una vaquera el primer día de clases. Logré unas pocas y valientes sonrisas para la cámara de mi padre, pero empecé a llorar tan pronto llegó el momento de subir al coche. Mi padre me tomó de la mano y me acompañó al salón de clases sin que yo dejara de llorar. Me presentó con delicadeza a una niña de rostro dulce que estaba sentada al otro lado del pasillo. Se llamaba Patsy, y sería mi amiga querida por toda la vida; es la madrina de mis hijos y yo de los suyos. Lloré todo el día y todos los días durante tres semanas. Pero finalmente me di por vencida y me limité a mirar por la ventana.

Nuestro salón de clases estaba recién construido en adobes de color ceniza, con una hilera de ventanas en el lado izquierdo y un guardarropa que ocupaba la parte posterior del salón.

Llegábamos por la mañana y teníamos que empinarnos para dejar nuestras loncheras en el estante que había encima de los ganchos donde colgábamos nuestros abrigos. Era el único lugar donde podíamos susurrar y hacernos visita, porque cuando nos sentábamos en el salón de clases, se esperaba que permaneciéramos sentadas con las manos cruzadas sobre nuestros pupitres y prestáramos toda nuestra atención a la parte delantera del salón. Esto no siempre era fácil para niños tan pequeños, especialmente para algunos niños hombres, y todo aquel que desobedeciera era reprendido con rapidez. Recuerdo a un niño que tuvo la desgracia de orinarse en los pantalones. La monja se apresuró hacia él, forcejearon, y su pupitre cayó al suelo. Ella lo agarró por el cuello de la camisa, lo arrastró hacia el guardarropa mientras él lloraba, y lo colgó del cinturón en uno de los ganchos. El niño permaneció allí un par de minutos, completamente humillado, agitando furiosamente sus piernas y brazos. Esto me pareció muy impactante. Mis padres nunca nos trataban así, ni tampoco la mujer escocesa de labios finos. Si mi madre hubiera sabido que este tipo de cosas sucedían en

la escuela, habría traspasado la pared del convento a bordo de
Frank y Ernesto. Sin embargo, no le contamos nada; simplemente le dijimos que no nos gustaba la escuela. Pensamos que
este tipo de cosas era habitual en todas las escuelas, pues nunca
habíamos estado en otra. Todas las mañanas sentía dolor de es-
tómago antes de ir a la escuela.

El tamaño de la clase era grande —éramos cuarenta y ocho
estudiantes— y la joven monja que estaba frente a la pizarra podría haber imaginado una anarquía liliputiense si sus métodos
de control resultaran ineficaces. La pobre llevaba un hábito que
consistía en un vestido negro de lana con mangas largas y que le
llegaba a los tobillos, acompañado por medias negras y gruesas, y
zapatos de cuero negro con cordones. Una capa holgada, también
de lana, le cubría el corpiño plisado, y nunca se la retiraba, ni siquiera cuando el calor era insoportable. Llevaba un gorro negro
de lana con un forro almidonado, revestido de lino blanco y firmemente sujetado debajo la barbilla con un lazo negro. La parte
almidonada parecía a punto de rasgarse, y sus mejillas delicadas
solían tener marcas rojas. Llevaba en su cintura un rosario largo
con un pesado crucifijo, y el crujido de las cuentas del rosario era
sinónimo de su movimiento. Aprendimos a temer ese sonido porque podría significar que llegaría desde atrás para golpear a un
estudiante infractor con una regla o, peor aún, con el puntero.

Tener que vestirse así en el calor del desierto era nada menos
que sádico. Las hermanas tenían muchas dificultades para ob-
servarnos de cerca en el patio de recreo, y mucho más para jugar
con nosotros, pues un solo minuto bajo el sol inclemente conver-
tía sus hábitos negros en paneles solares que podían incinerar
a quien los llevara puestos. Me parecía extraño que el patio de
recreo no terminara convertido en el *Señor de las moscas*.

En la parte frontal de cada salón, y encima de las pizarras,
había un crucifijo muy grande y recargado, con un Jesús su-

friente ataviado con una corona de espinas, clavos, y cortes supurantes en los costados. Quien haya tenido la idea de obligar a niños de seis años a contemplar la imagen de un hombre que está siendo horriblemente torturado hasta la muerte, era realmente una persona enferma. Todo aquello me parecía grotesco y procuraba no mirarlo. Nos enseñaron que nuestros pecadillos infantiles eran los responsables de que Jesús fuera tratado de una forma tan cruel. También nos dijeron que él había muerto para expiar lo que habíamos hecho, y que nosotros éramos los responsables de su suerte. Yo sabía que eso no podía ser cierto, porque cuando todo eso le sucedió a él, yo ni siquiera había nacido. Esto me hizo cuestionar la veracidad de todo lo que nos decían.

Un incidente que se destaca como un punto de inflexión en mi capacidad para asimilar cualquier tipo de ideas que definen la vida y que no están acompañadas de datos ni aparecen publicadas en una revista cuya información ha sido examinada, ocurrió cuando yo estaba en segundo grado. Nuestra profesora era la Hermana Francis Mary, un alma vieja y marchita que le había enseñado a mi padre, y también a Peter y a Suzy. En realidad, nos agradaba mucho y siempre estábamos dispuestos a complacerla. Ella había establecido un sistema de puntos para medir el buen comportamiento, que funcionaba así: la Hermana Francis Mary colgaba una hoja de papel en la pared. A veces salía un momento del salón, y si estábamos completamente tranquilos y sentados con las manos cruzadas cuando regresaba, ella pegaba una estrella de papel engomado en el papel. Nos daría una fiesta cuando completáramos diez.

En nuestra clase había una chica dulce de familia polaca, llamada Bojanna, con un pelo grueso y hermoso que le llegaba a la cintura. Su madre hacía un dulce tradicional, llamado rosetón polaco, elaborado con masa frita y espolvoreado con azúcar.

Cuando teníamos una fiesta, la madre de Bojanna preparaba cincuenta rosetones y los llevaba a la escuela. Eran los más deliciosos que yo haya probado, y todos queríamos obtener las diez estrellas y celebrar una fiesta.

Una tarde de mayo, cuando nos faltaban pocas estrellas y ya con la fiesta casi asegurada, la Hermana Francis Mary salió del salón. Habíamos organizado el tradicional altar de mayo en un rincón, con una gran estatua de yeso de la Virgen María y algunas figuras que semejaban árboles en un jardín. Cada mañana, un niño diferente era responsable de llevar una pequeña corona de flores frescas. Todos le cantábamos una canción a la Virgen María y le poníamos la corona; era todo un acontecimiento. Esa tarde, la hermana salió del salón y nos estábamos comportando bien. Patsy recorría los pasillos con el dedo en los labios, en un recordatorio adicional para que guardáramos silencio, y todos pensábamos en la fiesta y en los rosetones polacos. Las ventanas del salón estaban abiertas, pues era un día caluroso y el viento había comenzado a soplar. Esto sucede con mucha rapidez en el desierto, y los ventarrones pueden ser muy fuertes. El viento irrumpió por las ventanas abiertas y derribó una parte del paisaje, el cual se estrelló contra la imagen de la Virgen María, quien cayó decapitada al suelo. Su cabeza rodó ante nuestra mirada horrorizada y se detuvo aproximadamente en la tercera fila. No podríamos quedar más impresionados si la misma María Antonieta hubiera sido ejecutada con una guillotina delante de nosotros.

Nos quedamos petrificados y sin palabras cuando la hermana Francis Mary volvió. Se puso furiosa y exigió saber quién había sido el culpable de semejante afrenta. Patsy tuvo la valentía de levantar la mano y decirle que el único responsable era el viento. La hermana aceptó su explicación. Luego se dio vuelta y nos dijo entre dientes que debíamos haber tenido pensamientos impuros y pecadores, que éramos niños claramente malos, y que nos iba a quitar todas las estrellas que habíamos ganado. Estábamos devastados. No habíamos tenido pensamientos impuros; sólo habíamos pensado en los rosetones polacos.

Recuerdo que siempre había música en nuestra casa: mi padre silbaba mientras pensaba cómo solucionar algo, mi hermano Pete ensayaba el "Ave María" para su presentación con el Coro Infantil de Tucson Arizona, mi hermana Suzy canturreaba una canción de Hank Williams mientras lavaba los platos, y mi hermanito Mike se esforzaba para tocar el enorme contrabajo.

Mi padre se sentaba al piano los domingos y tocaba cualquier cosa en clave de Mi. Le cantaba canciones de amor en español a mi madre, y luego un par de canciones de Sinatra mientras recordaba su vida de soltero antes de tener hijos y responsabilidades, y de la horrible guerra. Mi hermana interpretaba el papel de *Little Buttercup* en una producción escolar de *H.M.S. Pinafore* (*La muchacha que amó a un marino*) cuando estaba en octavo grado; ella y mi madre seguían las partituras del gran libro de Gilbert y Sullivan que estaba en el piano. Si su estado de ánimo era juguetón, cantaban "Strike Up the Band" o "The Oceana Roll". Todos acompañábamos a nuestra madre en "Ragtime Cowboy Joe".

Cuando nos cansábamos de escucharnos a nosotros mismos, íbamos a la casa de nuestros abuelos Ronstadt, que estaba muy cerca, donde éramos sometidos a una "dieta" muy frecuente de música clásica. Tenían lo que ellos llamaban una Vitrola y escuchábamos sus fragmentos de óperas favoritas reproducidas en grabaciones de 78 rpm. *La Traviata*, *La Bohème* y *Madama Butterfly* eran las preferidas. Los sábados, sintonizaban la emisión radial de la Ópera Metropolitana o trataban de desentrañar en el piano una composición simple de Beethoven, Brahms o Liszt con la ayuda de una partitura musical.

Por las tardes, si no hacía demasiado frío o calor, o si los mosquitos no amenazaban con llevarnos a la Tierra de Oz, sacábamos nuestras guitarras y cantábamos todas las canciones que sabíamos.

No había televisión, no podíamos llevar la radio porque estaba empotrada en la pared, y no nos daban dinero suficiente para comprar entradas a conciertos. De todos modos, no había muchos espectáculos importantes en Tucson, así que si queríamos música, teníamos que hacerla por nuestros propios medios. La música que escuché en mi casa y en la de mis abuelos antes de cumplir diez años me proporcionó el material para la exploración de toda mi carrera.

Nuestros padres nos cantaron desde que éramos bebés, y había una canción de cuna que se incluía con frecuencia en nuestro ritual nocturno. Era una canción tradicional del norte de México que mi padre había aprendido de su madre, y que decía así:

Arriba en el cielo
Se vive un coyote
Con ojos de plata
Y los pies de azogue

Mátalo,
Mátalo por ladrón

Lulo, que lulo
Que San Camaleón
Debajo del suelo
Que salió un ratón

Mátalo,
Mátalo, con un jalón

Nuestra madre había traído sus propias tradiciones de Michigan, y sus canciones eran aún más sombrías. Nos cantaba una canción sobre Johnny Rebeck, cuya esposa lo había triturado accidentalmente en una máquina de hacer salchichas de su propia invención. Y luego cantaba:

Ayer por la noche murió mi bebé querido
Ella murió suicidándose
Algunos dicen que murió a pesar de nosotros
De meningitis espinal
De todos modos ella era una nena desagradable

Nos hacía desternillarnos de risa y replicar en coro en una armonía de tres partes:

Oh, no vayas a la jaula esta noche, Madre querida
Pues los leones son feroces y pueden morderte
Y cuando sufren ataques furiosos
Te dejarán en pedazos
Así que no vayas a la jaula esta noche

Mi lugar favorito para oír música eran las *pachangas*, la forma de entretenimiento más apreciada por los rancheros mexicanos. Se trataba de un picnic que duraba toda una tarde y se prolongaba hasta la medianoche. Los preparativos comenzaban a finales de la tarde, para evitar el fuerte calor del día. Se escogía un buen sitio en una arboleda de álamos, con una sombra fresca y una brisa agradable. Alguien encendía un fuego con mezquites y asaba carne, costillas de cerdo o lo que tuvieran los rancheros. Había enormes tortillas de trigo de Sonora, tan finas como el papel, hechas a mano y cocidas en un *comal*, un disco de hierro plano y liso que se pone sobre el fuego. Los fragantes granos de café también eran tostados sobre el fuego; luego se colaba y se servía acompañado con frijoles refritos, queso blanco ranchero, tamales caseros, maíz tostado, nopalitos, *calabacitas*, y varios tipos de chile.

Al atardecer, alguien descorchaba una botella de tequila o de *bacanora*, y todos comenzaban a afinar sus guitarras. Las estrellas se iluminaban y las canciones se prolongaban hasta la noche. Eran bellas canciones de amor, desesperanza y decepción, casi todas en español. Mi padre solía llevar la voz cantante, y mis tías, tíos, primos y amigos lo acompañaban con las letras que supieran o con las armonías que pudieran inventar. La música nunca parecía ser una interpretación, sino que simplemente iba y venía con el resto de la conversación. Los niños no éramos enviados a la cama, nos metíamos en el regazo de alguien y nos quedábamos dormidos con el sonido reconfortante de las voces familiares cantando y murmurando en inglés y en español.

La hermosa voz soprano de mi hermano Peter lo llevó a obtener la posición de solista en el Coro Infantil de Tucson Arizona, que en esa época tenía fama nacional. Viajaban en un autobús privado dando conciertos por todo el país y regresaban cubiertos de gloria. Cuando se presentaban en Tucson, mis padres, mi hermana y yo íbamos al Templo de Música y Arte, un hermoso y pequeño teatro en el centro de Tucson construido a semejanza del Pasadena Playhouse, para verlos cantar. Toda mi familia contenía el aliento mientras mi hermano emitía los altos sonidos misteriosos y sobrecogedores que solo pueden hacer los niños impúberes, mientras rezábamos para que no cantara demasiado alto o demasiado bajo. Casi nunca lo hacía, pero era más probable que sonara un poco alto; yo tengo la misma tendencia.

Cuando lo oíamos practicar en casa, sabíamos cuáles eran los pasajes que podrían hacerlo desafinar, y los nudillos se nos ponían blancos de tanto apretarlos mientras lo escuchábamos.

Los miembros del coro llevaban sombreros de vaquero, pañuelos de seda, camisas de vaquero satinadas con flecos y perlas con colores del atardecer del desierto (los colores se asignaban a los sopranos y a los contraltos), "pantalones de frontera" con botas de campana, hebillas de rodeo, y botas de vaquero. El escenario estaba decorado con una fogata artificial, una noche estrellada de fondo, algunas siluetas de saguaros, y una hermosa luna llena proyectada desde la parte posterior del auditorio. Se trataba de una producción con un valor considerable, ¡según la opinión que yo tenía a mis seis años! Todo aquello tenía un efecto hipnótico en el público, y todo el mundo escuchaba con un deleite silencioso y entusiasta.

Yo me imaginaba cantando para el público en un lugar semejante: en un escenario con una cortina de verdad que se abriera y se cerrara, mientras cantaba unas notas hermosas, altas y puras que le producían escalofríos a la audiencia. Después de todo, también era una soprano y podía cantar tan alto como mi hermano. Yo quería cantar como él. Recuerdo que me sentaba en el piano, mi hermana tocaba y mi hermano cantaba algo y yo decía: "Quiero intentar eso". Mi hermana le decía a mi hermano: "Creo que tenemos una soprano". Yo tenía unos cuatro años y recuerdo que pensé: "Soy una cantante, eso es lo que soy". Era como si hubiera sido validada de alguna manera, y mi existencia afirmada. Me sentía muy contenta de saber que yo era eso: una soprano. La idea de ser una estrella o famosa no se me había cruzado por la mente. Yo solo quería cantar y ser capaz de hacer los sonidos que había oído y que me habían emocionado tanto. Y entonces un día, cuando tenía catorce años, mi hermana y mi hermano cantaron una canción popular llamada "The Columbus Stockade Blues".

Poco después, la canté en una armonía alta mientras caminaba por la calle. Lo hice con mi voz pectoral y me quedé sorprendida. Anteriormente, yo había tratado de cantar únicamente en un tono de falsete alto, pero no tenía ninguna fuerza.

Como la voz de mi hermano era alta y sus presentaciones eran tan importantes para nuestra vida familiar, su sonido fue el primero que traté de imitar. Todos los artistas imitan. Nos esforzamos tanto como podemos para sonar como alguien a quien admiramos; alguien que evoque una fuerte sensación que nos gustaría imitar. Lo mejor es que, sin importar cuánto nos esforcemos en copiar, terminamos sonando como una versión de nosotros mismos.

Los elementos de la voz y del estilo están entrelazados como cordeles, y consisten en intentos por imitar a otros artistas o a un instrumento, o incluso el sonido de un pájaro o de un tren que pasa. A estas características se les añaden las emociones y pensamientos que se registran como diversas peculiaridades vocales, tales como el hipo, los suspiros, los gruñidos, los trinos; una variedad de opciones prácticamente ilimitada. La mayoría de estas opciones se hacen a la velocidad del sonido y a un nivel subconsciente, pues de lo contrario, la persona quedaría completamente abrumada por la labor.

Cuando escucho atentamente la interpretación de un cantante, muchas veces trato de descubrir quién lo influenció. Por ejemplo, puedo oír a Nat "King" Cole en el primer Ray Charles, a Lefty Frizzell en el primer Merle Haggard, a Rosa Ponselle en Maria Callas, a Fats Domino en Randy Newman. En un dúo reciente con Tony Bennett, la fallecida Amy Winehouse estaba canalizando a Dinah Washington y a Billie Holiday con gran efecto, sin embargo sonaba como Amy Winehouse.

El acento regional que tenemos también afecta los ritmos y el fraseo, así que alguien que esté "imitando" también tiene que importar el acento. Para mí, es muy útil conocer la ascendencia vocal para poder decodificar las frases de una canción. Una vez canté una canción de Tom Petty llamada "The Waiting", que tiene un esquema rítmico intrincado para adaptar la letra a la música. Petty, un artista al que admiro, surgió después de muchos rockeros clásicos y pudo absorber sus elementos en su propia escritura y estilo de canto. Mientras yo estudiaba su interpretación vocal, descubrí lo siguiente: Tom, con su acento de la Florida, estaba copiando a Mick Jagger con su acento británico, quien estaba copiando a Robert Johnson, del Delta de Mississippi. Y en otra parte de la misma canción, Tom copiaba a Roger McGuinn, que copiaba a su vez a Bob Dylan, quien copiaba a Woody Guthrie, quien a su vez copió a alguien desconocido para nuestra generación. Estas influencias pueden aparecer en una línea completa o en una sola palabra, o incluso en la forma en que se entona una parte de una palabra. A medida que las voces envejecen, el nudo vocal puede desatarse, y uno oye las costuras y uniones del sonido laminado que ha llegado a ser reconocido como el estilo de ese artista. También puede colapsar en un montón de tics y florituras.

Como niños que crecimos en los años cincuenta, tratábamos de imitar todo lo que nos inspirara en la radio, tanto en español como en inglés. Cantábamos canciones de Hank Williams, de los Everly Brothers, o anuncios comerciales. Mi padre compraba muchos discos en México. Nuestros favoritos eran los misteriosos *huapangos*, cantados por el Trío Calaveras y el Trío Tariacuri. Estas canciones de las montañas del corazón de México tenían ritmos indígenas extraños y líneas vocales que rompían en un falsete emocionante. También nos encantaba la suavidad urbana del trío Los Panchos, con influencias del jazz.

Yo pasaba horas enteras escuchando a Lola Beltrán, la gran cantante de rancheras, quien influyó más que nadie en mi forma de cantar. "Lola la Grande" era para México como Edith Piaf para Francia. Tenía una voz enorme, rica y colorida, cargada de drama, intriga y de amarga tristeza. Aunque era toda pulmones y cantaba música country mexicana, su voz tenía los mismos elementos dramáticos y emocionales de la cantante de ópera Maria Callas, a quien escuchaba con mi abuela. Más tarde leí en una biografía suya que le gustaba cantar en las estaciones de radio mexicanas cuando se presentaba en la Ópera de Dallas. Lola era la cantante que más sonaba en la radio mexicana. Estoy segura de que Callas también la amaba.

Cuando la música folk comercial empezó a oírse en la radio a comienzos de mi adolescencia, realmente le prestamos atención. Tenía algo que sonaba muy parecido a la música tradicional mexicana con la que habíamos crecido. Al igual que las rancheras y huapangos, este género musical provenía de una vida agraria y lejana, acompañada por instrumentos acústicos, y tenía ricas armonías de sonido natural.

Peter, Suzy y yo alucinábamos con las grabaciones del popular trío Peter, Paul and Mary, y con el dúo canadiense Ian and Sylvia. Nos aprendíamos sus canciones y armonías y luego les hacíamos arreglos para nuestra propia configuración de voces. Yo cubría los registros de soprano-alto, Suzy los de alto-tenor, y Pete los de tenor-barítono. Algunos años después, mi hermano menor Mike cantaba cualquier parte adicional, desde bajo a alto-tenor. Sin embargo, aún era pequeño, así que formamos un trío y lo llamamos los New Union Ramblers. En esa época, Suzy trabajaba en el Union Bank, yo tenía una grabación de los Hackberry Ramblers realizada por el sello Arhoolie, y nos pareció que *ramblers* sonaba un poco folk. Hicimos todo lo posible por no sonar demasiado melosos, pero no siempre tuvimos éxito. Nos divertíamos mucho y a veces tocábamos en los clubes locales de música folk.

Bobby Kimmel, quien pronto se convertiría en un integrante de Stone Poneys—mi antigua banda—tocaba el bajo. Era menudo de estatura, con barba, tenía la mirada oscura de la Generación Beat, y solía citar amplios pasajes de sus héroes de la filosofía, que iban desde el escritor indio Jiddu Krishnamurti hasta Lord Buckley, el inconformista cómico de los años cuarenta y cincuenta.

Richard Saltus, un compañero de clase inusualmente alto y delgado, y de muy buen gusto, se inclinaba sobre nosotros para tocar el banjo y nos hacía reír con su humor peculiar. Era inusualmente brillante y años más tarde escribiría sobre temas científicos para el diario *The Boston Globe*. Él me mostró a Bill Monroe, los hermanos Stanley, Flatt and Scruggs y a los Blue Sky Boys. Una vez más, sus armonías de las montañas me recordaban a los tríos mexicanos y a los huapangos que yo amaba. Trataban de los mismos temas: el trabajo agotador de cultivar la tierra y las decepciones románticas.

Mi hermano Pete comenzó a trabajar en el Departamento de Policía de Tucson mientras hacía su maestría en gobierno en la Universidad de Arizona. Posteriormente fue jefe de la policía, pero en ese momento, el Departamento no le prestaba mucha importancia al hecho de que mi hermano frecuentara clubes *beatnik* de música folk. Mi hermana tuvo tres hijos y menos tiempo para la música, así que empecé a cantar sola en pequeños locales, a veces con mi primo Bill Ronstadt en la guitarra. Bill, el guitarrista más completo de nuestra familia, era un serio estudiante de la música brasileña, pero cuando tocaba conmigo interpretábamos canciones populares americanas más simples. Las exigencias profesionales no eran muchas. Yo podía cantar una serie de cuatro o cinco canciones, y Bill llenaba el resto del repertorio con piezas brasileñas. De vez en cuando nos pagaban, pero me sentía afortunada de tener la experiencia de estar frente a una audiencia. A veces Bobby Kimmel interpretaba un conjunto de canciones de blues en las que había trabajado, y yo hacía dúo con él en un tema más folk, como por ejemplo, en "Handsome Molly".

Tocábamos en dos cafés: Ash Alley y First Step. Eran pequeños, tenían entre setenta y cien sillas, y eran propiedad de David Graham, un empresario local de música folk.

Su hermano menor, Alan Fudge, cantaba, tocaba la guitarra y estudiaba actuación en la universidad. Era inteligente, divertido, amable y con conciencia política. Alan y yo pasábamos la mayoría de nuestro tiempo libre en el establecimiento de su hermano, y nos hicimos novios. Su madre Margaret fue la primera feminista que conocí; reprendía a sus hijos con firmeza si eran descuidados con sus novias. Era divorciada, y cuando su hijo David contrataba cantantes más viejos como Sonny Terry y Brownie McGhee para que tocaran en su club, ella les cocinaba, los alojaba en su casa, y hacía lo que pudiera para protegerlos de los peligros raciales que aún subsistían en el suroeste. Esto era antes de la Ley de Derechos Civiles de 1964, y por todas partes había carteles donde los propietarios presumían del derecho de negarle servicios a los negros.

Las conversaciones en su casa giraban con frecuencia alrededor de la esperada legislación de los derechos civiles, la guerra de Vietnam (de la que pocos estadounidenses eran conscientes en aquel entonces), y de las travesuras involuntarias del Comité de Actividades Antiamericanas. En la escuela pública secundaria, mi profesor de educación cívica, un ucraniano, nos mostraba películas sobre el HUAC y nos advertía sobre la amenaza comunista que acechaba detrás de cada cactus. También tuve una profesora de inglés; era del sur profundo, dedicó un período entero de clases para hacer una defensa apasionada del KKK, y le daba una "A" a cualquier estudiante que leyera *Lo que el viento se llevó*. En la casa de

Margaret obtuve otra versión de los hechos; era diferente a todas las madres de Tucson que he conocido. Era un espíritu libre que insistía en la responsabilidad personal, y fue muy amable conmigo.

Alan me enseñó canciones sobre el movimiento obrero que había aprendido de Pete Seeger and the Weavers. Estaba interpretando el papel protagónico en una producción universitaria de *Otelo*, de Shakespeare, y estudiamos juntos esa obra. Una noche llegó a casa con dos discos: *Frank Sinatra Sings for Only the Lonely*, y el primer álbum de Bob Dylan. Los arreglos de Nelson Riddle en el disco de Sinatra me parecieron impresionantes. Asimismo, era la primera vez que escuchaba cantar a Bob Dylan, y también me gustó mucho. Pasamos muchas noches analizando esos discos. Algunos músicos amigos míos pensaban que estos dos artistas eran diametralmente opuestos, pues uno pertenecía al "establecimiento", y el otro fomentaba la revolución cultural. A mí me parecía que los dos eran grandes narradores de historias.

En aquellos días, las emisoras Top Forty seguían siendo regionales y tenían una lista discográfica abierta. Cuando yo conducía para ir a la escuela, encendía la radio y escuchaba a George Jones, Dave Brubeck, a los Beach Boys y a la Singing Nun en la misma estación. Me gusta mucho más ese estilo radial que el modelo corporativo que tenemos ahora, con listas discográficas formateadas y la ausencia total de participación regional.

El hermano de Alan continuó tratando de consolidar una audiencia para la música folk en First Step. Trajo a los Kentucky Colonels, la gran banda de bluegrass de Clarence White y su hermano Roland. Yo observaba a Clarence una noche tras otra, su rostro transformado en una máscara sin expresión mientras tocaba notas a velocidades no igualadas hasta la invención del acelerador de partículas.

David también trajo a Kathy and Carol, un dúo que cantaba baladas isabelinas y canciones de la familia Carter. Tocaban bien la guitarra, especialmente Carol, y sus armonías complejas y brillantes eran completamente originales. Las dos tenían una belleza natural, eran inocentes y llenas de asombro. Siendo adolescentes, obtuvieron sin embargo un contrato de grabación con Elektra Records, participaban en festivales de música folk en todo el país, y conocieron y tocaron con los principales artistas de música folk, a los que yo solo había visto en la revista *Sing Out!*

Recuerdo haber visto a la cantante de blues Barbara Dane y al guitarrista Dick Rosmini en el club de David. Dick me felicitó por mi voz y me animó a ir a Los Ángeles y ver lo que estaba ocurriendo en el Ash Grove, un café donde las multitudes entusiastas escuchaban música tradicional. Como Tucson era una ciudad relativamente pequeña, los locales de música folk siempre tenían dificultades, y los espectáculos tenían poca asistencia. Me empezó a seducir la idea de ir a un lugar que tuviera una escena musical más rica, diversa y valorada que Tucson.

Alan se marchó a San Diego para interpretar a Shakespeare en el Teatro Old Globe, y Bobby viajó a Massachusetts para tocar con sus amigos en la Jim Kweskin Jug Band. Me escribió acerca de una cantante que habían incorporado al grupo, llamada Maria D'Amato, que era preciosa y realmente sabía cantar. Ella se casó con su amigo Geoff Muldaur, el otro cantante estrella de la banda, y pasó a llamarse Maria Muldaur. Geoff era un gran admirador del cantante de blues Sleepy John Estes, y acuñó su estilo atractivo y original a partir de esa influencia. A su vez, Geoff tuvo una fuerte influencia en el estilo de John Sebastian, quien más tarde sería miembro fundador de Lovin' Spoonful. Después de pasar un tiempo en Martha's Vineyard con la banda Kweskin, Kimmel fue a la Costa Oeste y se mudó con Malcolm Terence, un amigo de Tucson que era reportero de *Los Ángeles Times*.

Mi madre y yo fuimos a la costa oeste en el verano de 1964, para visitar a mi tía Luisa, quien era anfitriona residente en el Museo del Indio Americano del Suroeste en Los Ángeles. Ella sabía que yo quería ser cantante y me envió un disco, *Duets with the Spanish Guitar*, donde el guitarrista Laurindo Almeida alternaba en dúo con el flautista Martin Ruderman y la soprano Salli Terri. Se convirtió en uno de mis discos más preciados.

Ella y Terri eran amigas cercanas, y cuando le dije lo mucho que me había gustado el disco, me invitó a conocer personalmente a Terri. Mi tía le había ayudado a investigar para sus grabaciones, y siempre la entrenaba en la pronunciación si cantaba en español. La tía Luisa también le dio a Terri muchos de los trajes que había utilizado en su carrera. En la actualidad, estos trajes pertenecen al Museo del Indio Americano del Suroeste. La tía Luisa nos llevó a la calle Olvera, el centro original de Los Ángeles, y nos mostró el teatro donde había cantado mientras usaba esos trajes hermosos, en algún momento de los años veinte.

Alan condujo desde San Diego, y pasamos la noche con Bobby en el pequeño lugar que Malcolm tenía en la playa. Bobby tocaba en clubes pequeños y me dijo que podía encontrarme trabajo. Yo no tenía muchas oportunidades en Tucson. David no había logrado tener éxito con First Step y tuvo que cerrarlo, así que decidí pensar en ello. Yo tenía dieciocho años y estaba inscrita para el trimestre de primavera en la Universidad de Arizona en Tucson.

Hice planes para viajar a la costa y visitar de nuevo a Bobby en las vacaciones de primavera de 1965. Viajé con algunos amigos que trabajarían en fábricas de conservas en el verano, y regresarían para estudiar en otoño. Todos dormíamos en el sofá, en el suelo o en cualquier lugar que encontráramos.

Bobby estaba ansioso por presentarme a Kenny Edwards. Era un guitarrista y trabajaba en la tienda de guitarras Mc-Cabe, localizada en el vestíbulo delantero del Ash Grove, un club de Melrose, que en aquella época era la meca de la música folk de la costa oeste. Fuimos a West Hollywood y encontramos a Kenny sentado con una guitarra, tocando una versión llamativa de "Roll Out the Barrel". Se trataba de un ritual nocturno en el que participaba con otro guitarrista que trabajaba allí. Trataban de superarse mutuamente y mostrar las guitarras que tenían para la venta. Kenny era alto, con el cuerpo atlético de un surfista. Se mostró escéptico e intelectual; tenía el pelo oscuro y era guapo. Se vestía como un colegial inglés despeinado y desordenado; tenía apenas diecinueve años, y su forma de tocar la guitarra era impresionante. Sugirió que fuéramos al escenario del Ash Grove para escuchar una nueva banda llamada los Rising Sons. Kenny idolatraba a Taj Mahal y a Ry Cooder, los guitarristas de esa agrupación. Aunque eran apenas unos chicos, tocaban como unos demonios, con una confianza y una habilidad muy superiores a su edad. Asumían la música con la mayor seriedad posible.

Regresamos a la playa, y Malcolm y Bobby comenzaron a hablar de una nueva banda de LA llamada los Byrds, que tocaba folk rock, un nuevo híbrido que estaba tomando fuerza en la Costa Oeste. Finalmente, fuimos a verlos a The Trip, un nuevo club en Sunset Strip que tenía un espectáculo de luces y que supuestamente te daba una experiencia psicodélica con la música. Me sentí fascinada cuando oí sus armonías cremosas. Reconocí a Chris Hillman, pues había tocado la mandolina en Scottsville Squirrel Barkers, una banda de bluegrass que yo había oído. Ahora tocaba la guitarra en una banda eléctrica, y sus integrantes tenían cortes de pelo estilo Beatles. Era evidente que la música de Los Ángeles tenía un nivel completamente diferente.

Comencé a hacer planes para mudarme allí cuando terminara el trimestre de primavera.

Le entregué el examen final a mi profesor de inglés, el destacado poeta de Arizona Richard Shelton. Él tocaba la autoarpa y a veces nos acompañaba en las sesiones musicales que hacíamos en familia. El examen consistía en un ensayo sobre algo de Yeats que él había escrito en la pizarra; dijo que esperaba verme en otoño. Le conté que me iba a mudar a Los Ángeles para cantar en una banda de folk-rock, y respondió razonablemente desconcertado: "Bueno, señorita Ronstadt, le deseo suerte".

Yo no se lo había dicho a mis padres. Sabía que iban a insistir en que yo era muy joven, que no había terminado mis estudios, y que no tendría de qué vivir. Yo sabía que ellos tenían la razón, pero sentía que tenía que ir adonde estaba la música.

Esperé hasta la noche del viaje para informarles de mi decisión. Un amigo mío que era músico me había ofrecido llevarme a la costa, pues daría unos conciertos en el norte de Los Ángeles. Mis padres estaban molestos y trataron de disuadirme. Cuando se hizo evidente que no podrían cambiar mi decisión, mi padre fue a su habitación y volvió con la guitarra acústica Martin que su padre le había comprado en 1898. Mi padre empezó a cantar cuando era joven, y mi abuelo le había dado el instrumento y le había dicho, "Ahora que tienes guitarra, nunca tendrás hambre". Mi padre me entregó la guitarra con esas mismas palabras. Luego sacó su billetera y me dio treinta dólares. Los hice durar un mes.

Lo único que recuerdo de ese largo viaje nocturno a través del desierto fue un remordimiento desgarrador por haber desafiado a mis padres. Aún me sentía muy unida a ellos, y siempre habían sido muy amables conmigo. Me sentí mal por herirlos y por hacerlos preocupar. Pero no había nada que hacer. Mi nueva vida comenzaba a tomar forma.

En las escaleras exteriores de un bungalow en la calle Hart.
Visto una falda de jeans abierta que mi madre compró en los años treinta
para poder cabalgar "al estilo del Oeste".

2
Calle Hart

LA CASA DONDE YO vivía con Bobby y Malcolm era un pequeño bungaló de madera en Ocean Park, situado entre los muelles de Santa Monica y Venice. El muelle de Santa Monica tenía un carrusel de madera de principios del siglo XX con caballos hermosos y fantásticos tallados a mano. Como yo no tenía caballos reales, montaba en los de madera y soñaba. Había muchas cabañas destartaladas de estilo victoriano, y el precio del alquiler era poco. Algunas personas interesantes vivían allí, especialmente Charles Seeger, el musicólogo eminente (y padre de Pete Seeger), que vivía al otro lado de la calle, y quien aparece en la imagen de muchos habitantes del sector que utilizamos en la contracarátula del tercer álbum de los Stone Poneys, así como el cantante y compositor Tim Buckley, que vivía a la vuelta de la esquina. Nuestro amigo Ron Pearlman, escritor de la exitosa comedia de televisión *The Beverly Hillbillies*, vivía en el otro extremo de la manzana. Ron me dijo que su excompañero de cuarto universitario era un agente que había ascendido en la vida laboral luego de trabajar en la sala de correo de la Agencia William Morris. Se iba a mudar a la Costa Oeste y estaba interesado en entrar en el negocio de la música. Ron dijo que era un hombre inusualmente brillante y muy encantador. Se llamaba David Geffen y estaba ansioso por presentarnos.

Nos instalamos en una agradable rutina doméstica en la calle Hart. Malcolm era un cocinero muy competente, y todas las noches organizaba un festín para toda la familia. Preparaba todo tipo de comidas, desde elaborados platos de la India hasta papilla de matzo. Los domingos horneábamos pan. Mientras la masa crecía, caminábamos por la playa hasta el mercado de mariscos en el muelle de Santa Monica y comprábamos almejas frescas, que preparábamos al vapor para el desayuno. Yo limpiaba la cocina. El resto del tiempo, Bobby, Kenny y yo ensayábamos hasta tener suficientes canciones para una presentación. Nuestros compañeros de escuela en Tucson se quedaban unos días en nuestra casa antes de ir a trabajar en las fábricas de conservas, durmiendo en cualquier lugar que encontraban, y nosotros les cantábamos nuestro nuevo material. La casa se mantenía llena, y siempre había una conversación interesante.

El Troubadour era un club nocturno en West Hollywood, a unos veinte minutos de nuestra casa en Santa Monica. Al igual que el Ash Grove, ofrecía una gran cantidad de presentaciones acústicas, pero también incluía un poco de música y comedia convencionales. Los lunes había una noche de micrófono abierto llamada Hoot Night, que servía también como una forma de audicionar. Tocar allí te garantizaba exposición al mundo de la música, ya que muchos ejecutivos, managers y administradores de la industria discográfica asistían a esas veladas. Otros músicos permanecían en la barra y observaban a las nuevas promesas de la floreciente escena musical de Los Ángeles. Bobby, Kenny y yo, con el nombre de los Stone Poneys (por una canción de blues de Charlie Patton), tocamos allí y fuimos contratados como teloneros para Odetta, una de mis heroínas de la música folk. La audiencia de Odetta nos recibió cortésmente. Era la primera vez que tocábamos en un lugar de tan alto perfil, y estábamos entusiasmados por tener esa oportunidad.

Poco después, un hombre se me acercó en la barra. Era el dueño de un restaurante cercano y de gran calidad, pero rara vez teníamos dinero para ir allá. Me pidió que fuera a su restaurante a la tarde siguiente, pues quería hablar de negocios. Me imaginé que podría estar interesado en ayudarnos a comprar algunos equipos, o en conseguirnos un contrato discográfico. Al día siguiente, tomé el autobús de la playa hasta Wilshire Boulevard y caminé las pocas cuadras que separaban la parada de autobús del restaurante.

El hombre, europeo y todavía guapo, era considerablemente mayor que yo y tenía unos modales un tanto formales. Me senté a la mesa con él en su restaurante vacío, y fue directo al grano. Me dijo que yo todavía era muy joven, que no parecía tener una fuente de ingresos confiable, que probablemente pasaría dificultades en el futuro, y que él podía hacerme la vida mucho más fácil. Me pagaría un lindo apartamento, me compraría ropas, y me daría una suma generosa de dinero para gastarlo en lo que yo quisiera. A cambio, esperaba que yo durmiera con él. Me quedé muda. Balbuceé que no podía imaginarme dormir con alguien por ningún otro motivo que no fuera por amor. Además, yo pensaba me estaba yendo bien. Me pagaban por cantar y vivía con Malcolm y Bobby en nuestro lugar hippie y genial en la playa. Mi madre todavía me hacía ropa en su máquina de coser. Aceptó mi negativa con mucha cortesía, y nuestra conversación terminó.

Volví a Santa Monica en autobús. No sabía qué decirles a Kenny y Bobby, que me estaban esperando en la calle Hart, y tal vez pensaba que yo llegaría con amplificadores nuevos. Cuando les dije lo que me había sucedido, se quedaron tan sorprendidos como yo. En la época del amor libre, a nadie que nosotros conociéramos se le ocurriría pagar por sexo. Aquel hombre era de otra generación.

También conocí a otro hombre la noche que nos presentamos en el Troubadour. Su nombre era Herb Cohen. Acabábamos de bajar del escenario cuando apareció a mi lado y dijo que quería hablar conmigo. Un comediante británico a quien yo conocía se inclinó y me dijo: "Linda, es un hombre importante. Escucha lo que te dice". Herb me agarró del codo con firmeza y me condujo a través de la barra del Troubadour hacia un restaurante contiguo. Bobby y Ken nos siguieron detrás.

Herb no tenía pelos en la lengua. Miró a Kimmel y le dijo: "Puedo conseguirle un contrato discográfico a tu cantante, pero no sé si puedo hacer lo mismo por la banda". Ese comentario me preocupó. Sentí que les debía lealtad a mis compañeros, y sabía perfectamente bien que no estaba preparada para cantar en solitario. Tampoco sabíamos mucho acerca de Herb. Él dijo que podría tratar de lograr un acuerdo que incluyera a la banda, pero sin ninguna garantía. Le dijimos que necesitábamos un tiempo para hablar del asunto. Varias personas nos dijeron que Herb tenía fama de ser un tipo duro.

Dick Rosmini, un guitarrista a quien yo había conocido en Tucson, era un músico de estudio bien establecido que también trabajaba como fotógrafo y artista comercial. Parecía saber mucho acerca de la escena musical de la zona. Dick había ido a nuestras presentaciones en el Troubadour para tomar fotografías, y nos daba consejos y ánimos. Le preguntamos qué sabía sobre Herb. Según él, Herb era un hombre complicado, pero le caía bien. Herb tenía fuertes convicciones políticas. Había combatido en Cuba al lado de Fidel Castro. Después fue un soldado de fortuna en Sudán. Posteriormente, contrabandeó armas para los rebeldes congoleños. Llevaba una carga de hachís argelino a París, la vendía, y compraba armas con el dinero. Luego introducía las armas de contrabando en el Congo.

Una tarde, Herb estaba en un hotel de París y se disponía a comprar armas. El teléfono de su habitación sonó. "Vete", fue lo único que escuchó. Miró por la ventana y vio a la policía entrar por la puerta del hotel. Herb guardó el dinero en una maleta vacía y salió por la puerta de atrás. Compró una navaja en el aeropuerto, se rasuró la barba, y subió a un avión con destino a los Estados Unidos. Llegó al apartamento de Rosmini con la maleta llena de dinero y un fuerte deseo de encontrar un trabajo más seguro. Utilizó el dinero que obtuvo en el tráfico de armas para abrir una cafetería de Los Ángeles llamada Unicornio, donde se tocaba música folk. Lenny Bruce era amigo suyo y solía trabajar allí. Judy Henske también trabajó con él, y Herb se convirtió en su manager.

Judy era impactante, muy alta e inteligente. Era una especie de cantora de blues que contaba historias muy divertidas en el escenario. Tenía una lengua afilada. Yo la había conocido en el Troubadour. Estaba recién llegada de Tucson, y tal vez ella sintió una gran compasión al verme sentada allí sin parecer ni muy enterada ni muy despierta. De otra parte, también pudo haberse tratado de una oleada de puro desprecio.

—Cariño—me dijo a todo pulmón (Judy siempre hablaba a todo pulmón)—te diré algo. En esta ciudad hay cuatro sexos: los hombres, las mujeres, los homosexuales y las mujeres cantantes.

Decidí aceptar su observación en aras de la solidaridad, pues era una información valiosa.

El atractivo de un contrato de grabación y la orientación de un mánager terminaron por opacar la exótica reputación de Herb, y firmamos un contrato con él. Llegó a simpatizarme mucho. Se había establecido con una bella esposa y una hija pequeña a quienes evidentemente adoraba.

En esa época, él manejaba a Tim Buckley, a Frank Zappa y a The Mothers of Invention. Posteriormente, él y Zappa abrieron un par de sellos discográficos, Straight y Bizarre. También organizó lo que llamamos danzas "Freak Out" para las GTO, un cuarteto de chicas *groupies* que Zappa había conformado y que incluían a la legendaria Miss Pamela (actualmente conocida como Pamela Des Barres).

Miss Pamela, el modelo para el personaje de Penny Lane en *Almost Famous*, la película de Cameron Crowe, era tan hermosa como un cervatillo. Destilaba inocencia, con una amabilidad subyacente y una sensibilidad aguda. No era empalagosa, y su dulzura preternatural te obligaba a mirarla siempre.

Zappa también fue una especie de patrocinador de Cynthia Plaster Caster, famosa por haber plasmado en yeso los penes erectos de varias estrellas del rock que ella admiraba. Cynthia también llevaba descripciones detalladas de estas experiencias en un diario.

Los penes de yeso permanecían en un armario en las oficinas de Bizarre Records. Cuando alguien quería verlos, Pauline, la secretaria británica de minifalda y de piernas largas, sacaba el cajón del armario. La persona los miraba, temblando y estremeciéndose por el movimiento del cajón, resplandecientes en su tumescencia de yeso.

Se asemejaban a un pequeño bosque, con Jimi Hendrix destacado sin lugar a dudas como el roble más grande y fuerte del bosque.

A diferencia de su reputación, la casa de Herb y el mobiliario de su oficina eran refinados y de buen gusto. Había conseguido una hermosa colección de antigüedades y alfombras de Oriente Medio en sus viajes. Todas sus posesiones parecían tener una aventura detrás. Herb no era muy alto, pero tenía una constitución fuerte y un aura de determinación deliberada a la que pocos considerarían prudente oponerse.

Una noche estábamos viendo a Tim Buckley en el Troubadour. Herb estaba en la puerta, contando a todas las personas que entraban con un aparato. De esta manera, el dueño del club no podría quedarse con el porcentaje del artista por concepto de entradas. Alguien empezó a interrumpir a Tim. Herb sacó un bolígrafo del bolsillo, se lo puso en las costillas, le dijo que era un arma de fuego, y lo sacó del club. Luego volvió a entrar con su risa cínica y contagiosa. Su fuerza radicaba en el hecho de que si engañaba a otras personas, al menos nunca se engañaba a sí mismo.

Nos llevó a la torre de Capitol Records en Hollywood, el famoso edificio "redondo" que se asemeja a una pila de discos de 45 rpm en un tocadiscos. Subimos al ascensor hasta la oficina de Nik Venet, quien había aceptado ser nuestro productor, y nos dieron un contrato de adhesión para firmarlo. Nik era productor de personal para Capitol y había hecho algunos discos con los Beach Boys. Hablaba rápido y con encanto, y su sensibilidad tenía más de Las Vegas que del mundo folkie de Ash Grove que yo suponía estar buscando cuando me salí de casa.

Nuestro grupo estaba muy verde en términos musicales y no había tomado mucha fuerza en el poco tiempo que llevábamos juntos. Eso se notó en las grabaciones que hicimos. Después del lanzamiento de nuestro primer álbum en enero de 1967, Capitol nos envió en una gira promocional por el circuito folk que había en los Estados Unidos. Los clubes eran muy importantes para el desarrollo de la música porque ofrecían una especie de atmósfera introductoria donde los artistas podían aprender y adquirir experiencia con el público a lo largo y ancho del país. También nos dieron la oportunidad de escuchar a muchos artistas de otros lugares y de compararnos con ellos. Fue una experiencia que nos hizo sentir muy humildes. Tocamos en Detroit, Filadelfia, Boston y Nueva York. Era la primera vez que yo viajaba a la Costa Este. Abrimos los conciertos de la Paul Butterfield Blues Band en el Café Au Go-Go, en el Greenwich Village de Nueva York. El aire acondicionado sonaba más fuerte que nosotros.

Bobby renovó su amistad con la Jim Kweskin Jug Band en Boston, y pasamos un tiempo conociéndonos. Era una banda acústica que ostentaba el reinado absoluto en el Club 47, en Cambridge, cerca de Harvard Square. La gente llenaba el lugar para oírlos tocar. Fritz Richmond, un hombre alto, delgado y pelirrojo, tocaba las líneas del bajo ya fuera soplando una jarra, o dándole palmadas a una bañera equipada con una cadena y lo que parecía ser el palo de una escoba. Podía cambiar la tensión en la cuerda para subir o bajar el tono usando la manija a modo de palanca. Ellos tocaban también violines, guitarras, kazoos y tablas de lavar con una musicalidad impresionante. Todos los hombres de la audiencia se babeaban por Maria, quien tenía las curvas y la sexualidad perpleja de Betty Boop. Su fraseo inteligente y su encanto sincero le garantizaban que no sería menospreciada en ningún sentido.

Recuerdo haber tenido una conversación en el Troubadour con Janis Joplin, que también adoraba la forma de cantar de Maria. Ella me había hablado con un entusiasmo conmovedor sobre la forma en que el nuevo vestido que llevaba la hacía sentirse linda, y que había ido al Troubadour para exhibirlo. Conversamos acerca de lo que nos gustaba llevar en el escenario, y coincidimos de inmediato en que Maria era el estándar de oro del glamour para el segmento hippie/terrenal de nuestra sociedad. Debido al gran éxito de artistas como los Rolling Stones y Bob Dylan, lo *funk* y lo terrenal equivalían a Dios, y las artistas femeninas del género folk pop se sentían realmente confundidas acerca de cómo debían presentarse ante la sociedad. ¿Acaso queríamos ser madres de crianza que permanecíamos en casa para cocinar y alimentar a nuestros bebés, o queríamos ser *funky mamas* en la barra del Troubadour, con botas de tacones y buscando un camino independiente al igual que nuestros colegas masculinos?

No lo sabíamos. Más tarde, hice mi propia parodia exasperada de nuestra confusión al posar para la portada de un álbum en un corral de cerdos al estilo del personaje Moonbeam McSwine, de la tira cómica *Li'l Abner*, que yo leía en el *Tucson Daily Citizen*.

Nuestro primer disco no se vendió, y empezamos a discutir el material para un segundo proyecto. Yo sentía que las canciones que Bobby escribía para nosotros no eran adecuadas para mi voz. Ken y Bobby tenían una visión conflictiva de la dirección musical de la banda, y empecé a buscar material por fuera. Me encontré con un tema llamado "Different Drum" en un disco de bluegrass interpretado por John Herald, de los Greenbriar Boys, escrito por Mike Nesmith antes de unirse a los Monkees. Le dije a Venet que sería un éxito. Fuimos al estudio y grabamos un arreglo para instrumentos acústicos, con Kenny en la mandolina. Venet no quedó muy contento y me dijo que quería contratar a otro arreglista, Jimmy Bond, para grabar de nuevo con él. Unos días después, entré al estudio y me sorprendí al ver que estaba lleno de músicos a los que yo no conocía. Todos eran muy competentes: Don Randi en el clavicordio, Jimmy Gordon en la batería, y Bond en el bajo. También había una guitarra acústica y algunas cuerdas. El arreglo era totalmente distinto del que habíamos ensayado. Intenté cantarlo con todas mis fuerzas, pero solo lo practicamos dos veces, y no tuve tiempo para aprenderme el nuevo arreglo. Le dije a Venet que creía que no podríamos incluirlo en el disco porque era muy diferente de la forma en que yo lo había imaginado. Además, Bobby y Ken no estaban participando en el proyecto. Él me ignoró. Fue un éxito.

La primera vez que escuchamos la grabación de "Different Drum" en la radio, íbamos a Hollywood para reunirnos con Nik Venet y Jimmy Bond a fin de discutir el material y los arreglos para un tercer álbum. Estábamos sin dinero. Habíamos utilizado nuestros exiguos avances para pagar el alquiler, las cuentas y la reparación del coche de Bobby, el único que teníamos para nosotros tres, y que no estaba funcionando bien. En algún lugar de West LA, el motor se paralizó y el coche exhaló su grito de muerte, un horrible sonido metálico. Avanzamos varias cuadras mientras la gente nos miraba. El auto se detuvo y lo empujamos hasta una estación de gasolina. El mecánico, que nos había oído a varias cuadras de distancia, nos explicó que el coche, donde llevábamos nuestras guitarras y el enorme bajo acústico de Bobby, no funcionaría de nuevo y solo podía venderse como chatarra.

El jingle de KRLA, una emisora Top Forty de Los Ángeles, sonaba débilmente en el fondo del garaje de aquella estación. A continuación, se escucharon las cuatro melodías iniciales de la guitarra acústica y del clavecín de "Different Drum", y luego mi voz. Fuimos a oír la canción. Sabíamos que se estaba escuchando en San Francisco, pero no si llegaríamos a las listas nacionales. El hecho de que nuestra canción sonara en KRLA significaba que lo habíamos logrado.

Alguien nos recogió, y cuando empezamos a hablar de nuestro nuevo disco en la oficina de Nik, comprendimos que nuestro único problema en Los Ángeles no era habernos quedado sin coche. Capitol insistía en que el nuevo disco se titulara *Linda Ronstadt, Stone Poneys and Friends, vol. III*. Querían que yo apareciera claramente adelante para ser identificada como la cantante principal. Esto no aumentó la moral de la banda, y fue el principio del fin para los Stone Poneys.

Habíamos actuado como una banda de armonía que interpretaba las composiciones de Kimmel, mientras yo era una solista ocasional. Ahora teníamos que montar un repertorio que me hiciera sonar como una cantante con un material y un estilo que no teníamos, y debíamos hacerlo rápido. "Different Drum" fue un éxito nacional en la lista Top Forty. Con el fin de llegar a un público más amplio, Herb Cohen nos consiguió algunas fechas de apertura para the Doors, que acababa de tener un gran éxito con la canción "Light My Fire".

Comenzamos la gira en Utica, una ciudad universitaria en el norte del estado de Nueva York, en marzo de 1968. El público nos soportó en el acto de apertura, y los integrantes de the Doors se comportaron bien con nosotros. Ray Manzarek, John Densmore y Robby Krieger eran músicos excelentes y parecían ser personas confiables. Su cantante, Jim Morrison, estaba malhumorado y distante, y me di cuenta de que le gustaba beber. Vi su presentación con una gran curiosidad. La dinámica entre el público y los artistas era diferente de lo que había observado en el entorno musical más folk, mi experiencia anterior. Algunos individuos de la audiencia parecían proyectarse a sí mismos en Morrison. Esto fue seguido por una especie de frenesí necesitado y narcisista que parecía peligroso y malsano. Morrison agarraba el micrófono de pie como si fuera una jabalina y posaba con él, como si necesitara protegerse de la arremetida causada por la adoración de la multitud que parecía afectar su identidad. Eso me pareció inquietante.

Fuimos a los camerinos después del concierto y unas chicas nos invitaron a su apartamento. Kenny fue con nosotros y con algunos miembros de los Doors, incluyendo a Morrison. Las chicas eran estudiantes universitarias jóvenes y serias, y se sentían emocionadas de tener a Morrison en su apartamento pequeño y ordenado. Él llevó una botella de licor que bebió con rapidez, y poco después comenzó a derribar cosas. Las chicas se miraron avergonzadas, como si no estuvieran seguras de si se trataba o no de un accidente. Kenny y yo estábamos seguros de que no lo era y nos marchamos inmediatamente. Al día siguiente, nos enteramos de que Morrison había destrozado el pequeño apartamento, y recibió una costosa factura por los daños.

Un día después, Bob Neuwirth se unió a la gira cerca de Rochester. Creo que la administración de los Doors lo envió para que se desempeñara como manager auxiliar en la gira y tratara de evitarle problemas a Morrison. Yo había conocido a Neuwirth a través de amigos comunes en la Kweskin Jug Band, y él había hecho una aparición en *Don't Look Back*, el documental de Bob Dylan. Neuwirth, un músico y compositor talentoso, era inteligente, divertido y sociable.

Al día siguiente teníamos una presentación en Boston. Fuimos al aeropuerto a primera hora de la mañana y vimos que una gran tormenta de nieve tenía a todos los aviones en tierra. Herb no quería perder dinero en caso de que cancelaran el espectáculo, así que esperamos varias horas mientras fletaba un avión de pasajeros DC-3. Sin embargo, no teníamos piloto. Posteriormente, Herb encontró a uno que trabajaba en una compañía de neumáticos usados; tenía el día libre y estaba dispuesto a llevarnos a pesar de las condiciones meteorológicas. La turbulencia era extrema y todos estábamos verdes por causa del mareo. Tardamos dos horas y media en llegar a Boston, pues era un avión de hélice. Tuve que cambiarme de ropa en el pequeño lavabo del avión. Mohawk Airlines había perdido una de mis maletas de camino a Utica, y el único vestido que tenía era mi Betsey Johnson arrugado que llevaba en el bolso. No tenía zapatos ni mallas. Corrí por la pista de nieve con los pies descalzos y una caja liviana, subí a una furgoneta que nos estaba esperando, y nos dirigimos directamente al Teatro Back Bay, con capacidad para 3.200 espectadores. Cuando subimos al escenario, el público nos recibió coreando "¡Queremos a los

Doors!" Estaban furiosos por el gran retraso y habían perdido la paciencia. Canté "Different Drum" y abandoné el escenario.

Después de Boston, tuvimos un día libre en la ciudad de Nueva York antes de tocar en el Fillmore East, un teatro nuevo con 2.400 asientos, operado por Bill Graham, quien pronto se convertiría en un legendario promotor de conciertos de rock. Era apenas el segundo concierto organizado por Bill en ese lugar. Big Brother y Holding Company habían abierto oficialmente la semana anterior. Morrison y yo habíamos hablado durante el apresurado viaje a Boston en el DC-3, y él me preguntó si quería acompañarlo en mi tarde libre. Parecía dulce y algo tímido cuando estaba sobrio. Yo sabía que Bob Neuwirth llegaría después, y pensé que podía mantenerlo bajo control, así que acepté. Neuwirth sugirió que fuéramos a escuchar la Kweskin Jug Band, que se presentaba en Nueva York.

Mi amiga Liisa, una hermosa rubia finlandesa con cara de muñeca, tenía un apartamento en Greenwich Village. Habíamos sido muy amigas en Tucson durante la escuela secundaria.

Cuando era adolescente, su padre —un físico que trabaja en un proyecto universitario para llevar el hombre a la luna— se mudó con ella de Finlandia al desierto de Arizona. Sus padres se habían divorciado, por lo que mi madre tomó a Liisa bajo su protección y pasaban muchas horas cosiendo. Ellas dos confeccionaron mi vestido artístico favorito a partir de un diseño de Liisa. Era una diseñadora talentosa, que tenía un empleo en Nueva York y había decorado su pequeño apartamento con muy buen gusto. Me gustaba estar con ella cada vez que iba a Nueva York, y renovar así nuestra gran amistad.

El apartamento de Liisa estaba a unas pocas manzanas del Cafe Au Go-Go, donde se estaba presentando la Jug Band. Neuwirth y Morrison fueron a buscarme al apartamento, pero Liisa no quiso venir con nosotros. Íbamos caminando por la

Linda Ronstadt

calle en busca de un buen lugar para cenar, cuando un hombre que conducía un auto reconoció a Morrison; frenó, bajó del coche y le dio un puñetazo en la cara. Me las arreglé para interponerme entre ellos, y Neuwirth se encargó de alejar al agresor. Luego fuimos a cenar, Morrison pidió una bebida para calmar sus nervios y luego otras más. Estaba bastante borracho cuando llegamos al Cafe Au Go-Go.

Antes del concierto, Maria nos llevó a Neuwirth y a mí a un lado y nos confesó que estaba con la moral baja porque la banda se iba a separar, y sería una de sus últimas presentaciones. Neuwirth y yo éramos grandes admiradores de la Jug Band, y nos dio tristeza oír eso. Decidimos darle todo el apoyo que pudiéramos desde la audiencia. Morrison, claramente impresionado por la destreza musical del grupo y por el glamour terrenal de Maria, quiso unirse a nuestro entusiasmo, pero debido a su condición, lo único que pudo hacer fue ponerse de pie y decirles "¡cabrones!", a todo pulmón. Neuwirth y yo nos sentimos mortificados y decidimos sacarlo de allí para que no arruinara el espectáculo.

Fuimos caminando al edificio de Liisa. Aún era temprano, y Morrison dijo que quería subir al apartamento. Luego de pensar en el lugar tan lindo e inmaculado de Liisa y en la suerte que había corrido el apartamento de las estudiantes en nuestro primer concierto, entré al edificio y cerré la puerta con firmeza. No quería sentirme avergonzada con mi amiga Liisa. Morrison comenzó a golpear ventanas, a tocar timbres y a gritar que quería entrar. Le sonreí dulcemente a través del cristal y le hice señas de que tenía sueño con la esperanza de que se calmara, pero se puso más agresivo. Entré corriendo al apartamento de Liisa y le eché el cerrojo. Vi desde la ventana que Morrison seguía gritando, mientras Neuwirth lo halaba del brazo.

Al día siguiente por la tarde fuimos a probar el sonido en el

Fillmore East. Bill Graham caminaba de un lado al otro con un casco amarillo mientras daba órdenes. Nos explicó que la última vez que los Doors tocaron en uno de sus eventos, Morrison lanzó el pesado micrófono a la audiencia, hiriendo a algunas personas. Graham le había aclarado a los Doors que no les pagaría si el incidente se repetía, y se había puesto el casco duro en señal preventiva.

Morrison llegó finalmente. Estaba acompañado por un hermosa chica con el pelo rojo y largo, y un moretón que iba desde la mandíbula hasta la clavícula.

—Oh—dijo ella, cuando alguien le preguntó qué le había sucedido—, choqué con una puerta.

3

Mi carrera en solitario

Fotografía de Henry Diltz.

REGRESAMOS A LOS ÁNGELES y a un futuro incierto. Kenny dejó la banda y viajó a la India. Bobby comenzó a dirigir una serie de conciertos en la tienda de guitarras McCabe, donde habíamos conocido a Kenny, una experiencia que sería muy gratificante para él y que realizó por muchos años. Algún tiempo después, Kenny se unió a mi banda de acompañamiento; grabamos y estuvimos varios años de gira. Todos seguimos siendo amigos.

Kenny y Bobby fueron sacados oficialmente de los libros de contabilidad de Capitol Records, lo que significaba que, como ya no eran miembros de los Stone Poneys, tampoco tenían que pagar el reembolso de los costos de producción de los tres discos que habíamos hecho juntos. Sin embargo, comenzaron a recibir las regalías acumuladas por las ventas de "Different Drum". Yo asumí la carga de la deuda, y pasaron ocho años antes de recibir dinero por ventas de discos. Mientras tanto, si yo quería ganarme la vida con la música, tenía que salir de gira.

Infortunadamente, no estaba preparada para cantar en solitario, ya que había sido básicamente una cantante de armonía en los Stone Poneys. Habíamos confiado en Kimmel para escribir las canciones y yo no tenía un repertorio propio. Empecé a pensar en la música que había amado desde mi niñez que pudiera utilizar. La respuesta obvia fue experimentar con canciones de música country de los años cincuenta que yo había aprendido de la colección de discos de 45 rpm que tenía mi hermana, y de las rockolas en la Arizona rural. Tenían progresiones de acordes sencillos, así que empecé a tocar con mi guitarra canciones como "Crazy Arms", de Ray Price, y "I Can't Help It (If I'm Still in Love with You)", de Hank Williams.

Herb creía que yo estaba perdiendo el tiempo. Me dijo que mi música era demasiado country para las emisoras de rock, y demasiado rock para las emisoras de country. No le hice caso y comencé buscar músicos que pudieran interpretar canciones de Nashville, pero con un giro de California.

Clarence White, el guitarrista de bluegrass de rostro impasible y a quien tanto admiraba yo en Tucson, se había unido a los Byrds y estaba tocando lo que llamaba su guitarra B-Bender. Con el baterista Gene Parsons (sin relación con Gram), había diseñado e instalado en su Fender Telecaster un dispositivo que elevaba la segunda cuerda todo un paso, haciendo que sonara como una guitarra de acero con pedal. La palanca que levantaba y bajaba la cuerda estaba unida a la correa de la guitarra, y se activaba empujando el mástil de la guitarra hacia abajo. Esto se convirtió en una piedra angular del sonido rock country de California.

Otros guitarristas se enteraron del dispositivo y comenzaron a incorporarlo a sus estilos. Bernie Leadon fue uno de ellos. Bernie, un músico que había tocado bluegrass, música folk y rock and roll, tenía la visión general más integral en términos musicales entre todos los guitarristas seminales del panteón de country rock del Troubadour. Tenía poco más de veinte años, y ya era un guitarrista excepcional que dominaba una variedad de estilos. También era un ser puro y confiable, cuya única ambición era que la música sonara bien antes que hacerse notar personalmente. Los guitarristas como él son fundamentales para cualquier proceso musical emergente, y suelen hacer contribuciones esenciales que permanecen ocultas solo porque ellos no tienen el gen del exhibicionismo. Al igual que Clarence, Bernie fue otro de los pioneros del estilo guitarrístico del country rock, y ejerció una poderosa influencia en toda la música popular como uno de los miembros fundadores de los Eagles. Lo conocí en los días de los Stone Poneys cuando él estaba en Hearts and Flowers, una banda psicodélica de country folk. Bernie y Larry Murray, también integrante de esa banda, habían estado en los Scottsville Squirrel Barkers con Chris Hillman, antes de que este se uniera a los Byrds. Hearts and Flowers grabaron con Capitol, y Nik Venet contrató a Bernie y a Larry para que tocaran en las grabaciones de los Stone Poneys. Larry dejó la banda en 1969 para trabajar como escritor en *El Show de Johnny Cash*, el nuevo programa de variedades musicales de Johnny Cash, y Bernie se unió finalmente a los Flying Burrito Brothers con Chris y Gram Parsons. Todos pasábamos el rato en el Troubadour y empezamos a tocar juntos, unidos por el deseo común de fusionar canciones y armonías de música country con una sección rítmica de rock-and-roll. Ensamblar una banda para un estilo de música que aún no existía no fue una tarea fácil. Herb, que veía las cosas solo en términos de negocios, no tenía habilidades musicales y no pudo ayudarme en eso. Me aconsejó que llamara al sindicato de los músicos, les pidiera que nos enviaran a cualquier guitarrista, y le dijera lo que debía tocar. Obviamente, la música no se hace de esa manera.

Cuando contrato a un músico para grabar o tocar en vivo, lo primero que busco es una sensibilidad compartida. Cualquier cosa que el músico haya escuchado, leído o visto, o dónde haya vivido, se refleja de innumerables formas en cada nota que toca. Hay muchas opciones —qué tan fuerte o suave puede tocarse una nota, dónde colocarla rítmicamente, qué tipo de adorno melódico o de textura puede incorporar, dónde añadir una armonía, cómo expresar un acorde —y todo esto se hace en una fracción de segundo. Simplemente no se puede hacer a un nivel consciente, sino que se convierte en una cuestión de instinto posibilitada por una larga práctica. Cuando un grupo de músicos compatibles se reúne para interpretar una visión musical claramente definida, el resultado puede ser pura alegría. Pero si el grupo carece de una sensibilidad compartida, será pura miseria.

Como yo tenía un disco que había sido exitoso, a Herb le quedaba muy fácil conseguirme una aparición en la televisión. Yo pensaba que este medio, con sus pequeñas pantallas y parlantes, era malo para la música. Además, en esa época los artistas no podían decidir cómo presentarse, y tal vez tenían que usar trajes diseñados para que combinaran con el escenario del programa. El director musical del programa también podía añadir engorrosos arreglos orquestales que no pertenecían al estilo o al espíritu del artista ni a las grabaciones originales.

En la primavera de 1969, fui a Nashville para presentarme en *El Show de Johnny Cash*. Había viajado con un compañero de oficina de Herb, quien se encargaría de llevarme a Tennessee y asegurarse de que todo transcurriera sin problemas. Al parecer, este hombre tenía cosas más importantes qué hacer y, después de dejarme en el hotel, voló a Detroit.

Me preocupó un poco quedar abandonada a mi suerte, pero pronto me encontré con Larry Murray, un amigo del Troubadour. Él y otros escritores del programa de Johnny Cash, así como el personal de producción y los invitados, estaban hospedados en el Ramada Inn, donde yo me alojaba. Terminé haciendo una sesión de jam en el cuarto de Larry con algunos compositores promisorios de Nashville a los que Larry conocía. Mickey Newberry y Kris Kristofferson estaban entre ellos, y todavía no eran muy conocidos. Tenían muchas canciones buenas que nadie había grabado.

Todo el mundo tocó su mejor repertorio, y luego conversamos sobre el choque cultural y lo que significaba para Larry ser un hippie de pelo largo que trabajaba en el Sur. Larry confesó que muchas veces se sentía solo y fuera de lugar, e incluso amenazado, y que echaba de menos pasar un rato en el Troubadour, donde se veía como cualquier otro cliente.

Empezaba a hacerse tarde, y me fui a dormir a mi cuarto, pues a la mañana siguiente tenía la lectura del guión y el ensayo. Inmediatamente después de cerrar la puerta, sonó el teléfono. Era uno de los productores del programa, a quien yo había conocido brevemente ese día. Quería venir a mi habitación y discutir algunos detalles del programa. Yo no tenía a nadie del departamento de administración que me ayudara a negociar, y él era esencialmente un extraño que podría tener poco menos que buenas intenciones, así que decliné su oferta y le dije que nos veríamos al día siguiente. Fui un poco fuerte con él y me sentí mal después de colgar. Él no era del Sur, y pensé que se sentía quizá fuera de lugar, al igual que Larry. El teléfono sonó de nuevo unos tres minutos después. Era él de nuevo; me dijo que realmente tenía que hablar conmigo esa noche y que no me quitaría mucho tiempo. Cambié de opinión y le dije que podía venir, pues pensaba que podía haberlo juzgado mal.

Debería haber seguido mi instinto inicial, porque tan pronto entró en mi habitación, cerró la puerta y se quitó toda la ropa. Me sentí avergonzada y asustada. Él no era propiamente un Adonis, y su exhibicionismo tenía un elemento repulsivo de odio a sí mismo. Comencé a dirigirme hacia la puerta. Él me preguntó por qué estaba tan sorprendida. ¿No era yo una hippie? ¿Los hippies no creían en el amor libre? Si esto no era suficiente para impresionarme, me dijo que podía hacer que me fuera bien en el mundo de la televisión. Puse los ojos en blanco tras pensar en lo poco que me gustaba presentarme en ese medio, le dije que me iría del cuarto, y que más valía que no estuviera cuando regresara, pues en ese caso llamaría a la seguridad del hotel. Dijo que nadie me creería debido a mi aspecto (jeans, pelo largo y lacio, y sin sostén). Añadió que nadie del programa creería en mi historia, por lo que sería mejor que mantuviera la boca cerrada, pues de lo contrario, haría que las cosas fueran muy desagradables para mí.

Salí por la puerta, bajé las escaleras y me senté en el pequeño vestíbulo del Ramada Inn, donde me sentí aburrida, molesta y con sueño. Aproximadamente una hora después regresé a mi habitación; estaba vacía y aseguré la cadena de la puerta. Llamé a Herb y le conté lo que había sucedido. Se puso furioso con su compañero por dejarme sola en Nashville. Le pareció que quejarnos del productor nos traería problemas, y que tal vez no me dejaran participar en el programa. Herb creía que la mejor forma de manejar la situación era actuar como si no hubiera sucedido nada, y envió a otra persona para ayudame mientras estaba en Nashville. Al día siguiente, durante la lectura del guión, el hombre se volvió hacia mí y dijo para que todo el mundo oyera:

—Anoche dejé mi reloj en tu habitación. ¿Podrías traérmelo después?

No recuerdo su nombre, solo que estaba a punto de casarse. Lo sentí mucho por su futura esposa.

Los años siguientes fueron difíciles. Sentí que estaba fracasando como cantante y que mi estilo no había cuajado. En 1969 abrí para Jerry Jeff Walker en el Bitter End del Greenwich Village. Jerry Jeff, probablemente mejor conocido por escribir el clásico "Mr. Bojangles", una canción sobre un viejo bailarín callejero que había conocido en una cárcel de Nueva Orleans, estaba acompañado por David Bromberg, otro guitarrista y músico de una brillantez ecléctica y gran sensibilidad. Sigo reverenciando a David como compositor, intérprete provocador y querido amigo. Me sentí muy impresionada por su sinceridad fresca y juvenil. Fue a verme una noche después de su presentación y me dijo que debía ir al Cafe Au Go-Go, para escuchar a su amigo Gary White. Añadió que White había escrito algunas canciones muy buenas, y había una en particular que a su juicio era perfecta para mí. Yo estaba preparada para una decepción, pues me parecía difícil que otra persona supiera lo que yo buscaba en una canción. Gary acompañaba con la guitarra al compositor Paul Siebel. Vimos la última parte de su impresionante presentación, enriquecida con su falsete de vaquero, y una canción triste y conmovedora sobre una chica de cierta reputación llamada Louise, y luego fuimos al camerino para conocer a Gary. Ya había empacado su guitarra, pero la sacó de nuevo de su caja, se sentó y comenzó a cantar una canción llamada "Long Long Time." Le dije que quería grabarla de inmediato.

En esa época, mi productor era Elliot Mazer, quien más tarde produjo álbumes de Neil Young, y ya había grabado con Jerry Jeff Walker, Gordon Lightfoot, Richie Havens e Ian and Sylvia. Mazer trabajaba en estrecha colaboración con un grupo de músicos de estudio de Nashville, llamado Area Code 615. Weldon Myrick, el guitarrista con pedal de acero, tenía un dispositivo electrónico en su instrumento que producía un sonido al que llamaba el Goodlettsville String Quartet. Cuando se combinaba con el violín de Buddy Spicher tocando la nota superior del acorde, sonaba tan enérgico como la sección de cuerdas de una orquesta. Era un sonido inusual para la época, con una calidad emocional conmovedora. Norbert Putnam, el bajista, introdujo rápidamente el arreglo. Pensé que los músicos la tocaron de manera muy hermosa, pero nunca me gustó mi parte en el disco. Lo grabamos a las diez de la mañana, un poco temprano para una cantante, y utilizamos la parte vocal en vivo. Posteriormente aprendí a cantarla mejor. Fue un gran éxito para mí en 1970, y me dio tiempo para aprender.

Regresé a Nueva York para conectarme de nuevo con David, Gary y Jerry Jeff, y descubrir más canciones. Me presentaron a Eric Kaz, quien me mostró una canción que había escrito con Libby Titus, llamada "Love Has No Pride". Fuimos a los lugares que había en aquella época en el Greenwich Village: Dugout, Nobody's y Tin Angel. Vimos a Paul Siebel tocar nuevamente en el Cafe Au Go-Go. Invitamos a Paul y pasamos el resto de la noche tocando música en el pequeño apartamento de Gary en el Village. Él me enseñó a tocar la canción sobre Louise: "Bueno, todos decían que Louise no era mala del todo. / Estaba escrito en las paredes y en los cristales de las ventanas".

Al amanecer, Jerry Jeff y yo tomamos un taxi para ir al norte de Manhattan. El rostro de Jerry Jeff era apenas visible en la luz gris cuando me dijo: "Oí a dos hermanas canadienses cantar en el Filadelfia Folk Festival. Escribieron una hermosa canción que deberías escuchar". Inclinó la cabeza, cerró los ojos, y cantó suavemente lo que podía recordar de la canción:

Algunos dicen que un corazón es como una rueda
Cuando lo doblas
No puedes arreglarlo

Y mi amor por ti es como un barco que se hunde
Y mi corazón está en ese barco en medio del océano

Sentí como si una bomba hubiera explotado en mi cabeza. Incluso en esas pocas líneas, yo podía decir que la canción, que era al mismo tiempo simple y delicada, describía el peligro mortal del amor romántico con un enfoque muy original. Le rogué a Jerry que les pidiera a las hermanas que me enviaran una grabación. Un par de semanas más tarde llegó a mi buzón de correo una cinta titulada "Heart Like a Wheel", escrita por Anna McGarrigle y cantada con su hermana Kate. Esa canción cambió todo mi panorama musical.

Las hermanas McGarrigle desafiaban toda categorización y no eran entendidas por todos. No eran exactamente compositoras de música pop, y pertenecían más a la tradición artística del compositor estadounidense John Jacob Niles, quien al lado del también canadiense Leonard Cohen, ha hecho una contribución significativa al mundo de la canción artística americana. Ellas siguieron su camino cuando la música pop se concentraba en explorar los conceptos de lo más grande y fuerte, de lo más duro y desafectado, y plantaron su bandera musical en un reino emocional con un sentimiento desenfadado y un candor ingenuo. Una línea de "The Work Song", una de sus primeras composiciones que más me gustan, dice, "Llámalo basura, o llámalo arte. / No podías llamarlo alma, tenías que llamarlo corazón".

Ellas realmente escribían música del corazón.

En el escenario, su dinámica fraternal hacía pensar en compañeras de camada. Si estabas en la audiencia, parecía como si hubieras entrado sin avisar a la sala de su casa y las vieras discutir, elaborar armonías o barrer después de una fiesta bulliciosa. Utilizaban ropas extrañas, incluso para los parámetros de la música. Los canadienses son muy diferentes de los estadounidenses, y siempre he pensado que, en lo que a ropa se refiere, ellos invierten más en calidad, mientras que nosotros invertimos más en glamour. Esto puede hacer que los trajes de tweed y los suéteres tejidos a mano (cosas que adoro) parezcan demasiado convencionales.

En el escenario, ellas seguían la agenda musical de su preferencia y parecían totalmente despreocupadas por lograr un espectáculo profesional. Siempre conmovían profundamente a la audiencia. Recuerdo que yo estaba sentada al lado de mi amigo John Rockwell en un club de Nueva York, escuchándolas cantar su devastadora canción "Talk to Me of Mendocino". Yo estaba lloriqueando y miré a John de reojo. Lo que vi fue a un crítico musical experimentado y altamente discriminatorio del *New York Times* con dos grandes lágrimas rodando por sus mejillas.

Sus sucesoras continúan lo que ellas empezaron. Las más notables son Martha y Rufus Wainwright, dos cantantes que, como su madre Kate y su tía Anna, no dejan de hacerme llorar. Cuando las familias extendidas de McGarrigle y Wainwright dan un concierto, algo que hacen de vez en cuando, es como estar atrapada en un torbellino genético lleno de talento e inspiración. Kate y Anna me abrieron una puerta, y yo la crucé tan rápido como pude.

Tocando en el club Palomino en Los Ángeles:
Ed Black en la guitarra, Mickey McGee en la batería.

4

Country rock de California

DE VUELTA EN LOS ÁNGELES, seguí buscando músicos que fueran comprensivos con las nuevas canciones que yo estaba encontrando. Conformé una banda con Bernie Leadon y Jeff Hanna, que había abandonado temporalmente la Nitty Gritty Dirt Band. Se llamaban a sí mismos los Corvettes. Dimos algunos conciertos por todo el país, pero finalmente Jeff volvió a la Dirt Band y Bernie se unió a los Flying Burrito Brothers. Jeff, uno de los chicos más amables y dulces en el mundo de la música, me presentó a Steve Martin, cuyo manager era Bill McEuen, el mismo de la Dirt Band. Era hermano de John McEuen, el deslumbrante multi-instrumentista de la banda. Terminamos tocando varios conciertos juntos, algunos en el Troubadour, y otros en el Boarding House de San Francisco. Cuando no tocábamos en el escenario, veíamos a Steve interpretar el brillante material de su primera época: Balloon Animals, The Great Flydini, The Cruel Shoes y Arrow Through the Head. Ninguno de nosotros había obtenido un gran éxito en esa época. Steve era simplemente nuestro amigo, y nos parecía muy divertido.

Bernie y yo vivíamos en Topanga Canyon, al norte de Los Ángeles, así que pasaba mucho tiempo con él. Lo vi perfeccionar su estilo de guitarra country rock mientras estudiaba con Merle Haggard. Todas las mañanas, Bernie hervía una olla de café, enchufaba su guitarra roja Gibson ES-335 de cuerpo semi-hueco, y colocaba la aguja en el último disco de Haggard. Era un álbum doble llamado *Same Train, A Different Time*, en homenaje a Jimmie Rodgers. Bernie aprendió todas las partes de guitarra, y yo aprendí las armonías cantadas por Bonnie Owens, la esposa de Merle. También nos aprendimos todos los otros discos de Merle Haggard, así como los de George Jones y Tammy Wynette.

Bernie tocaba en mi banda cuando tenía tiempo libre en los Burrito Brothers, y una noche aparecimos en un programa de televisión llamado *Playboy After Dark*. Canté mi éxito "Long Long Time" y otras canciones, y luego fuimos al Troubadour para ver lo que sucedía en el bar. Nos encontramos con Gram Parsons, compañero de banda de Bernie en los Burrito Brothers. Nos dijo que iría a tocar un poco de música en el Chateau Marmont, un hotel de Hollywood donde estaba en residencia. Quería que fuéramos con él. Subimos al auto de Bernie, y Gram nos llevó por una carretera serpenteante en las colinas de Hollywood a una casa grande y moderna que evidentemente no era el Chateau Marmont. Cuando entramos, nos presentaron a Keith Richards. Los Rolling Stones estaban en la ciudad, dándole los toques finales al álbum *Let It Bleed*, y Keith y Mick Jagger habían alquilado una casa durante su estadía en Los Ángeles.

Gram y Keith habían entablado amistad luego del interés de Keith por conocer mejor la música country. Comenzamos a trabajar de inmediato y cantamos todas las canciones de Merle Haggard que sabíamos. Gram era el cantante principal, y Bernie y yo añadimos las partes de la armonía. Keith tocó la guitarra y asimilaba todo lo que Gram tenía para mostrarle. Todos los buenos músicos aprenden el uno del otro de esta manera. Al cabo de unas horas, Bernie vio que eran las dos de la mañana y dijo que tenía que hacer el largo viaje de regreso a Topanga Canyon. Yo me había mudado a Hollywood, y Bernie se ofreció a llevarme. Gram hizo un puchero con su cara de niño corista y me preguntó si quería quedarme y repasar el repertorio de

George Jones; consistía en duetos con Tammy Wynette, así que lo podíamos cantar sin que Bernie hiciera la tercera parte. Gram me aseguró que podía llevarme a casa porque estaba cerca del Chateau Marmont y decidí quedarme. Repasamos el repertorio de George Jones, y Keith interpretó "Wild Horses", una canción que él y Mick acababan de escribir.

A Gram se le hizo la boca agua con esta canción y le pidió a Keith que se la dejara grabar antes de que los Rolling Stones lo hicieran. Era una petición muy audaz, ya que los compositores que graban no suelen ceder una canción antes de grabarla. Me sorprendió cuando se la permitieron usar en el próximo disco de los Flying Burrito Brothers, un año antes de incluir su propia versión en el álbum *Sticky Fingers*. Yo también quería cantar esa canción, pero sabía que no sería posible.

Eran casi las cinco de la mañana, y le pregunté a Gram si podía llevarme a casa tal como lo había prometido. Él frunció el ceño.

—Ya ves, querida—dijo (Gram le decía querido o querida a las personas, tal vez porque era condescendiente conmigo, tal vez porque se había criado en el sur, o tal vez por ambas razones)—sólo tengo mi moto aquí, y tendría que llevarte a casa en ella.

Me puse pálida. Yo no estaba dispuesta a subirme en una motocicleta con Gram bajo ninguna condición, y la suya se había deteriorado considerablemente después de que Bernie se marchó. Yo no había fumado el porro que estaban pasando de un lado a otro. Había fumado marihuana varias veces, pero como dice mi amiga y antigua asistente Janet Stark: "Cuando fumo marihuana, me hace querer esconderme debajo de la cama con una caja de galletas y no compartirlas". Yo no tenía ningún problema en que siguieran fumando, pero sabía que no producía un efecto tan fuerte como el que parecía tener Gram cuando regresaba de una de sus pequeñas excursiones fuera de la habitación.

Había sido una larga noche, y a eso de las seis de la mañana, fuimos a la cocina para ver si encontrábamos algo de comer. Gram se subió en el mostrador y empezó a cantar algo, pero no podíamos entender nada. Se balanceaba describiendo un gran círculo, y yo tenía miedo de que se cayera y lastimara. Nunca había visto a alguien en semejante estado.

Keith y yo lo bajamos de la barra, pasamos sus brazos por nuestros hombros, y lo llevamos a la sala. Lo dejamos en uno de los sofás, donde se quedó dormido mientras decía algo que no pude entender. Lo interpreté como si tuviera frío y lo cubrí con una manta.

Keith también se durmió. Permanecí sentada durante las próximas horas, todavía con el maquillaje que me había puesto para la televisión, anhelando mi camisón de noche. Pero lo único que podía hacer era esperar hasta las diez de la mañana, cuando abría la oficina de Herb, para pedirle a alguien que fuera por mí. Nunca fui a otra sesión de jam que durara toda la noche sin asegurarme de estar sobria y dormir en mi casa.

En la primavera de 1970 conocí a dos personas en el Troubadour que serían muy importantes en mi vida. Uno de ellos fue David Geffen, el excompañero de universidad de Ron Pearlman, con quien viví en la calle Hart, y quien fue escritor del programa de televisión los *Beverly Hillbillies*. David se me presentó una noche, y me pareció que era tal como Ron lo había descrito: con un descarnado sentido del humor y una inteligencia inquieta y penetrante. Tenía unos modales suaves, una manera confidencial de hablar, y un encanto irresistible. Él y Elliot Roberts, su excompañero de trabajo en la sala de correo de William Morris, se convirtieron en clientes habituales del Troubadour. Eran observadores meticulosos, conformaron una compañía de manejo de artistas y reunieron a un impresionante número de músicos de primera línea. Entre ellos estaban Laura Nyro; Joni Mitchell; Neil Young; Crosby, Stills and Nash; y, finalmente, Jackson Browne, los Eagles, y John David Souther. Posteriormente, David conformó un sello discográfico de gran éxito, llamado Asylum Records.

La otra persona era John Boylan. Me lo presentaron como el productor del último sencillo de Rick Nelson, "She Belongs to Me". Además de ser un éxito en ventas, el disco era de buen gusto y tenía una buena producción. John había ayudado a crear una banda para acompañar a Nelson, llamada Stone Canyon Band, integrada por Buddy Emmon, la leyenda de la guitarra de acero, además de una serie de incondicionales del género country rock de Los Ángeles. Sonaba como la banda de mis sueños. Le pregunté si consideraría la posibilidad de conformar una banda para mí, y aceptó.

John estaba a la par de los asiduos más descollantes del Troubadour, quienes eran mayores que él. Tenía menos de treinta años, un pelo poblado y gris, y unos ojos azules pálidos que confirmaban su ascendencia irlandesa. Era inteligente, con buenos modales y bien educado, con una licenciatura en artes teatrales de Bard College. Sabía cómo comportarse en un escenario, y en el mundo de la música. Era esbelto, y tenía una figura atractiva y saludable. Le decíamos Fat John. Produjo algunas grabaciones para mí, y empezamos a conformar una banda de gira.

Yo vivía en Camrose Place, una calle con cabañas en la colina debajo del anfiteatro Hollywood Bowl, con John David Souther, quien tenía ojos de pedernal y la mirada entrecerrada propia de la zona fronteriza de Texas, donde había crecido. Tocaba la batería para Bo Diddley cuando lo conocí, pero lo que más me impresionó fue su faceta como compositor de canciones. Jackson Browne vivía en la cabaña contigua a la nuestra.

Nos llevaba un par de años a casi todos, pero siempre estaba un paso por delante. A pesar de todo el talento en bruto que había en el Troubadour, él era un poco más inteligente que el resto, un poco más evolucionado en su forma de pensar, y un poco más refinado en su escritura. Podía usar con gran ventaja su voz relativamente pequeña. Jackson tenía una forma de efecto Doppler para iniciar una frase musical que parece venir desde muy lejos y a gran velocidad; luego adquiere más intensidad hasta desaparecer en la distancia, dejando al oyente en expansión. Tenía dieciséis años cuando lo conocí en la calle Hart poco después de llegar a Los Ángeles, y ya había escrito "These Days", una canción muy bien compuesta que se encuentra entre lo mejor de su producción.

Posteriormente salimos juntos de gira, y alternamos con frecuencia como el artista principal, dependiendo de quién tuviera el mayor éxito regional. En nuestro pequeño círculo, Jackson sufrió una tragedia prematura. Su joven y bella esposa Phyllis, una chica que estaba llena de problemas desde antes de que se conocieran, se suicidó dejándole un pequeño hijo para criar. Jackson quedó devastado, pero hizo todo lo posible para estar a la altura de la tarea. Recuerdo que él y su pequeño hijo corrían por el pasillo de nuestro autobús; Jackson llevaba una toalla en el cuello semejante a la capa de Superman, tratando de hacer que la vida de gira pareciera normal, y de que su pequeño hijo se recuperara del golpe sufrido tras la muerte de su madre.

John David Souther y Glenn Frey habían estado en un dúo llamado Longbranch Pennywhistle, y pasaban mucho tiempo con Jackson, haciendo intercambio de ideas y escribiendo canciones. Warren Zevon, con su sensibilidad peculiar y letrada, también se mantenía con ellos. Nunca lo conocí bien. Lo recuerdo como alguien que casi siempre permanecía en silencio, con su mirada trascendente clavada en el suelo. Es la única persona que he conocido que estuviera suscrita a *Jane's*

Defence Weekly, una revista de carácter militar. Había mucha competencia entre ellos y eran algo ostentosos, pero siempre tuve la sensación de que se admiraban y respetaban mutuamente, y que no eran tacaños para darse apoyo y aliento.

Recientemente encontré una antigua cinta de casete que grabé en mi sala en Malibu, alrededor de 1976, en la que Jackson me enseñaba a cantar "Poor Poor Pitiful Me", una canción de Zevon, dedicada a su compañero, cuya escritura admiraba. Al escuchar la cinta, me pregunté por qué Jackson no la había grabado, pues la cantaba mejor que yo. Más adelante, John David me enseñó la canción "Blue Bayou", de Roy Orbison, que también incluí en mi álbum *Simple Dreams*. Fue una velada muy productiva.

Comencé a sentirme un poco cansada y agotada después de pasar un tiempo de gira con Herb Cohen como mi manager. Él no era conocido precisamente por mimar a sus artistas. Me decía en los términos más contundentes cuando creía que yo estaba fuera de lugar o veía que yo me sentía muy importante. La mayoría de los artistas, y especialmente las cantantes, pueden terminar viviendo cómodamente en el centro de su propio universo, y estoy agradecida por los esfuerzos que hizo Herb para frenar esta tendencia, aunque no siempre fueran exitosos. Cuando él me miraba desesperado y me decía: "Linda, estás llena de mierda", por lo general tenía razón. Desafortunadamente, él no tenía muchos conocimientos musicales, y sus agudos instintos no incluían la capacidad de adivinar siquiera de qué está hecha la música. Más preocupante para mí era el hecho de que su forma de hacer negocios era un tanto irregular.

Una tarde, John Boylan y yo estábamos en la oficina de Herb cuando recibió una llamada de Capitol Records. Solo podíamos oír su parte de la conversación, pero era algo sobre una invitación para que yo cantara en la convención de ventas de Capitol Records en 1970, junto con Glen Campbell, que estaba en el apogeo de su popularidad como presentador de su propio programa semanal de variedades musicales, y con el gran saxofonista de jazz Cannonball Adderley. La convención se celebraría en Hawai, y tendríamos todos nuestros gastos pagados en primera clase a Honolulú. Recuerdo que Herb le dijo al tipo de Capitol que sería mejor que le enviaran el dinero, pues él podría comprar los boletos desde su oficina, lo que no era una petición irrazonable.

La noche antes de viajar a Hawai, habíamos dado un concierto en San José, y los boletos que nos dio el agente de viajes de Herb eran para un vuelo que salía de San Francisco. Estábamos muy emocionados de ir a Hawai, y aún más por volar en primera clase. Llegamos a la puerta de embarque y vimos a unos agentes de policía. Resultó que querían hablar con nosotros. Viajábamos con un violinista, Gib Guilbeau, y yo tocaba una segunda parte de violín en algunas canciones. Los dos llevábamos los instrumentos con nosotros para que no se estropearan al ser manipulados como equipaje. Creí que la policía sospechaba que ocultábamos armas en los estuches de los violines. Abrí el mío para demostrarles que realmente contenía un violín, pero no era eso lo que les preocupaba. La oficina de Herb le había dado nuestros boletos a John, quien se los entregó al funcionario de la puerta de embarque: lo cierto era que coincidían con unos números de boletos reportados como robados. La policía nos arrestó y nos llevó a la cárcel del condado de San Mateo. Al principio nos pareció divertido, y no me preocupé mucho mientras estuve con el resto de la banda. Por supuesto, tan pronto llegamos a la cárcel, yo, que era la única mujer, fui trasladada a una instalación separada.

Herb y su esposa habían viajado unos días antes que nosotros y ya estaban disfrutando del sol de Honolulú. Además, era un domingo, y no había nadie en su oficina. Llamé a su hermano Martin Cohen y le expliqué lo que había sucedido. Era abogado y manejaba todos los asuntos legales de Herb. Tardó la mayor parte del día en encontrar un agente de fianzas que nos sacara de allí. Yo me estaba muriendo de frío, pues solo llevaba mis pantalones cortos Levi's y unas sandalias para la playa de Hawai; las matronas de la cárcel se burlaron de mi camiseta, que tenía la estampa de Porky. John y los otros miembros de la banda se encontraban hacinados y en condiciones difíciles en la cárcel, pero al menos estaban juntos. Cuando salimos bajo fianza, John nos llevó al aeropuerto y nos compró billetes de primera clase con su tarjeta American Express.

Poco después de llegar a Hawai, nos enteramos de que la banda de Santana y el cantante Eric Burdon habían sido detenidos el mismo día en otros aeropuertos por la misma razón, y que habían utilizado los servicios de la misma agencia de viajes. Herb dijo que había utilizado esa agencia porque le daba grandes descuentos en los tiquetes aéreos e insistió en que no sabía que fueran robados. Me pregunté qué habría hecho con el dinero que le había quedado luego de comprar los tiquetes baratos, pero no se lo pregunté a él. Muchas personas en el mundo de la música hacían cosas semejantes. Sin embargo, sabía que mi padre no haría negocios de esa manera, y eso me molestó.

En Hawai, nos presentaron a Cannonball Adderley y a su hermano Nat, el trompetista y cornetista de jazz. Fueron muy comprensivos con nuestra historia de falsa acusación y encarcelamiento. Pasamos mucho tiempo escuchándolos tocar en la habitación del hotel, y por la noche, Nat y yo caminamos por un lago y hablamos de música durante mucho tiempo. Era todo lo contrario a estar en la cárcel. Me encantaba una canción de Frank Loesser que su hermano había grabado en 1961 con Nancy Wilson, llamada "Never Will I Marry".

Ella apenas había salido de la adolescencia cuando la grabó, y su interpretación era impresionante. Admiré esa canción durante varios años y la canté en *Hummin' to Myself*, un disco que grabé en 2004.

Le confesé a John que no estaba contenta con el estilo de manejo tan rudo de Herb, y él me sugirió pensar en otras posibilidades.

Yo había conocido recientemente a Peter Asher en Nueva York, cuando él y su esposa Betsy fueron a verme al Bitter End. Peter tenía una experiencia profunda y variada en el manejo de artistas, y era una de las pocas personas que entendían la música tan bien como el negocio. Nacido en Londres, había comenzado su larga carrera en el teatro británico desde que era un niño, y había trabajado regularmente en los escenarios, en el cine y en la televisión. Luego de cantar en un coro infantil, obtuvo un gran éxito como integrante del dúo Peter y Gordon, que había formado con su compañero de escuela Gordon Waller. Su hermana, Jane Asher, que también es una artista y actriz de cine muy reputada, fue novia de Paul McCartney en la época de los primeros éxitos de los Beatles. Paul escribió cuatro de los mayores éxitos de Peter y Gordon, incluyendo "Woman" y "A World Without Love". Unos años más tarde, cuando los Beatles decidieron formar Apple Records, su sello discográfico, contrataron a Peter para dirigir su departamento de artistas y repertorio. Peter firmó a James Taylor para el nuevo sello discográfico, pero más tarde se retiró de Apple y se mudó a los Estados Unidos, donde fue mánager y productor de James.

Betsy era una buena cocinera y una oyente comprensiva. Ella y Peter ofrecían unas encantadoras fiestas con cena. Jackson Browne, John Boylan, Carole King, James Taylor, Joni Mitchell, Don Henley, John David y yo estábamos entre los asistentes asiduos a sus agradables cenas. Boylan me sugirió que le pidiera a Peter que fuera mi manager, y yo le dije a Herb que iba a poner fin a nuestra relación profesional. No sería fácil, pues acababa de firmar un contrato de cinco años con él.

Contratamos abogados y nos vimos inmersos en un proceso aburrido e interminable. Herb y yo blanqueábamos los ojos y nos veíamos a pesar de estar supuestamente en lados opuestos. Almorzamos juntos, él me sugirió que la demanda no terminaría nunca, y me dijo que llevaría la mejor parte porque su hermano era su abogado y sus facturas legales serían mucho menos costosas que las mías.

—Linda —me dijo insistentemente—, si nos ponemos de acuerdo en una cifra, eso nos salvará de tener que seguir con un proceso legal aburrido, y el dinero que terminarás pagándole a un abogado me lo podrías dar directamente a mí.

Nos pusimos de acuerdo en una cifra y nos dimos la mano. Tardé un par de años en pagarle, pero nos separamos en buenos términos. Yo estaba triste porque apreciaba genuinamente a Herb y aún lo considero uno de los personajes más interesantes que conocí en el mundo de la música, pero yo también necesitaba a alguien que entendiera la música y tuviera un enfoque más caballeroso en sus relaciones comerciales. En este sentido, Peter Asher era todo un caballero.

John hizo una cita con Peter y me acompañó a pedirle que fuera mi manager. Peter aceptó. Pero un par de semanas después me pidió que fuera a su casa; me dijo que ya había aceptado ser el manager de la cantante Kate Taylor, hermana de James, y que ser mi manager podía crear un conflicto de intereses que fuera injusto para los dos, y por esa razón tendría que declinar mi oferta. Me sentí decepcionada, y John, que era un productor de discos y no un manager, acordó hacerlo hasta que yo resolviera mi situación.

Los miembros fundadores de The Eagles: (de izquierda a derecha)
Bernie Leadon, Randy Meisner, Don Henley, Glenn Frey.

5

The Eagles

JOHN BOYLAN Y YO estábamos buscando músicos de respaldo en el Troubadour, cuando una banda de Texas llamada Shiloh comenzó a tocar y quedamos boquiabiertos. Interpretaron mi arreglo de "Silver Threads and Golden Needles" de una manera impecable. Me impresionó el baterista, que era un músico sólido, y con un estilo conciso y sin pretensiones. Mejor aún, parecía tener un gran conocimiento de las tradiciones rítmicas de la música country, que incluía los estilos más sutiles y sin amplificar del bluegrass y de la antigua música de las bandas de cuerdas. Esto era raro en bateristas de rock, quienes muchas veces martillaban los delicados matices de las canciones y de los ritmos tradicionales, opacando así su encanto. Esto hacía de él un baterista ideal para acompañar a una cantante.

John le preguntó si le gustaría tocar en algunas presentaciones que tendríamos en Cellar Door, un club en Georgetown, en Washington, DC. El baterista se llamaba Don Henley. Bernie Leadon estaba ocupado con los Burrito Brothers, así que le pregunté a Glenn Frey, el socio de John David en Pennywhistle Longbranch si quería venir y tocar la guitarra. Añadimos un bajista y un guitarrista, y Boylan tocó los teclados.

En aquellos días, no podíamos darnos el lujo de hospedarnos en habitaciones individuales, y los hombres tenían que dormir de a dos en cada cuarto. Glenn terminó compartiendo habitación con Don, y descubrió por qué acompañaba tan bien a los cantantes. Resultó que Don también era un cantante, y muy bueno por cierto. Al igual que Glenn, era igualmente un compositor consumado, y pasaron toda la noche tocando música. Glenn se refería a Don como el "arma secreta", y dijo que habían decidido formar una banda.

John se ofreció a ayudarles y les sugirió que continuaran la gira conmigo mientras conseguían un contrato de grabación y presentaciones propias. Esto les garantizaría un ingreso fijo, y tocar en una banda sólida durante varios meses. John sugirió que reclutaran a Randy Meisner para tocar el bajo. Randy había abandonado recientemente la Stone Canyon Band de Rick Nelson, y John creía que era un bajista sólido y un gran cantante de armonías altas. Sugerí a Bernie Leadon, un cantante sólido, para tocar la guitarra. Simpatizaron mutuamente y empezamos a trabajar juntos de inmediato.

Cierto día, necesitaban un lugar para ensayar sus partes vocales. John David ofreció la sala de nuestra pequeña casa en Camrose Place. La sala no era muy grande y nos fuimos al cine para darles un poco de espacio. Cuando regresamos unas horas después, sonaban fantástico. Habían hecho un arreglo de una armonía en cuatro partes de una canción que Bernie y Don habían escrito y pasado algún tiempo afinando su mezcla vocal. En esa pequeña sala, con solo guitarras acústicas y cuatro voces muy potentes, su sonido era rico y descomunal. Llamaron a la nueva canción "Witchy Woman". Yo estaba segura de que sería todo un éxito.

6

Beachwood Drive

Fotografía de Henry Diltz.

JOHN DAVID Y YO nos mudamos a un apartamento en North Beachwood Drive, bajo el letrero de Hollywood. Lo tomamos para relevar a Warren Zevon y a su novia Tule, quienes necesitaban más espacio para su pequeño hijo. Era un edificio encantador de estilo mediterráneo, construido en los años 20, con grandes ventanales de Palladio, y nuestra sala se llenaba con el sol de California. El piso era de madera desgastada, había una chimenea de leña, y el espacio suficiente para el gran piano de John David. MGM Studios hizo una venta de promoción, compré algunas viejas cortinas de encaje que habían utilizado en uno de sus sets cinematográficos, y las instalé en las ventanas.

El edificio tenía cuatro apartamentos. Harry Dean Stanton, el actor, vivía atrás, encima del garaje. Nos hicimos amigos de inmediato porque se enamoró de los huapangos mexicanos que interpretaba yo, y aprendió a cantarlos y a tocarlos en su guitarra. A veces íbamos a verlo cantar huapangos en McCabe, el espacio escénico manejado por Bob Kimmel, mi antiguo compañero de banda en los Stone Poneys.

Lawrence "Stash" Wagner, guitarrista del grupo Fraternity of Man, vivía con su esposa y su hijo en el pequeño apartamento del primer piso. Había coescrito con Elliot Ingber la canción inmortal "Don't Bogart That Joint" incluida en *Easy Rider*, la película de Dennis Hopper.

John David y yo vivíamos en la planta superior, y el escritor de comedias Bill Martin, quien más tarde tuvo una larga carrera como guionista y productor de televisión, vivía abajo. Él acuñó una nueva frase cuando escribió una canción profundamente filosófica llamada "The Whole Enchilada Marches On". Era un tipo divertido que escondía una inteligencia alerta detrás de su apariencia lenta y adormecida. Su apartamento estaba equipado con los últimos elementos esenciales hippies. Tenía un gran equipo de música con parlantes grandes, un puf, y una pipa de agua. Él y su esposa tenían talento para la horticultura y cultivaban una marihuana increíblemente fuerte en macetas de terracota.

Se enorgullecían de su hospitalidad, la cual consistía en acomodar a un invitado en el puf mientras ponían a Otis Redding lo suficientemente alto como para producir una hemorragia y llenaban una pipa de agua con dosis colosales de marihuana. Mientras el invitado estaba inmovilizado por la marihuana, Bill le contaba la historia del espeluznante asesinato que aparentemente se había cometido en su apartamento varios años atrás. En el clímax de la historia, levantaba la alfombra para mostrar una gran mancha de sangre que no habían logrado eliminar.

John David y yo, ambos ávidos lectores, nos sentíamos felices de tener el espacio más silencioso del edificio, donde podíamos estar con nuestros libros y nuestra música. John escribió muchas canciones buenas en el apartamento, incluyendo "Faithless Love",

"Prisoner in Disguise" y "Simple Man, Simple Dream", todas las cuales grabé posteriormente.

Yo jugaba al ama de casa holandesa, limpiando y aplicando capas de cera en el piso, y tratando de sacarle brillo a la vieja madera que había visto demasiadas generaciones indiferentes a la limpieza. Mientras esperaba que la cera se endureciera, practicaba en mi guitarra partes de nuevas canciones que me gustaban. Cuando el piso estaba reluciente, ya me había aprendido la canción.

A veces, las dudas y temores que sentíamos al tratar de crear algo propio nos acechaban de un modo amenazante, y buscábamos seguridad en las grabaciones de algunos venerados maestros de la música. Era un gran placer flotar en esas pequeñas piscinas de perfección, felices de ser relevados de la tarea intimidante de tratar de inventarlas por nuestros propios medios. Algunas de las interpretaciones grabadas más notables y que recuerdo haber escuchado con John, eran "Drown In My Own Tears" del álbum *Ray Charles in Person*, el Trío en Si mayor de Brahms, interpretado por el violonchelista Pablo Casals, y la magistral interpretación de Donny Hathaway del clásico "Jealous Guy", de John Lennon. Estos eran los adobes con los que tratábamos de consolidar nuestras bases musicales.

Las noches parecían terminar siempre con un álbum que oíamos de principio a fin. Nos producía un estado de ánimo devastador y requería una gran concentración. Se trataba de *Frank Sinatra Sings Only for the Lonely*, un disco que escuché por primera vez en la casa de Alan Fudge en Tucson. Aprendí algunas canciones hermosas de ese disco, como "What's New", la canción del título de la primera colección de canciones estándares americanas que más tarde grabé con Nelson Riddle, el arreglista de Sinatra.

John David era un gran compañero para escuchar música.

El placer y la experiencia del aprendizaje al escuchar música aumenta exponencialmente cuando se hace con alguien que tiene una sensibilidad profundamente compartida. Años más tarde, el director de mi disquera pensó que yo estaba tirando mi carrera por la borda al querer grabar "What's New" con una orquesta completa y una banda de jazz. John David entendió lo que yo quería y me animó a seguir adelante.

Casi un año y medio después, John David se mudó a pocas cuadras de distancia. Seguimos siendo amigos, pero habíamos caído en redes diferentes de nuestras propias necesidades e intereses. Él escribía mucho y yo viajaba sin parar. Siempre hemos tenido sentimientos mutuos de afecto y simpatía. Todavía quiero oír sus canciones más recientes.

Las últimas presentaciones que hice con los Eagles como mi banda oficial de respaldo fueron en 1971, durante una semana para celebrar el fin del año escolar en Disneylandia. Estábamos en el mismo programa con Smokey Robinson y los Miracles, además de los Staple Singers. La compañía Disney pagaba bien, pero tenía muchos requisitos en el parque. Nos presentábamos varias veces cada noche, terminábamos a eso de las tres de la mañana, pero no nos permitían recorrer el parque entre nuestras presentaciones. Además, el contrato estipulaba que yo estaba obligada a usar sostén, y que mi falda tenía que estar a cierto número de pulgadas del suelo cuando me arrodillara.

Los Eagles jugaban póquer con Smokey y los Miracles en los camerinos cuando no tenían que salir al escenario. Yo me paseaba por la habitación con la esperanza de que Smokey reparara en mí, pero nunca lo hizo. Sería difícil exagerar el impacto producido por el magnetismo de Smokey Robinson. En primer lugar, estaban sus bellos ojos verdes grisáceos. Luego estaba la fría llama de su encanto demoledor, que hacía suspirar a las mujeres, y que los hombres admiraban. Al no poder impresionarlo en ningún sentido, me fui a casa y comencé a aprender sus canciones. Unos años más tarde, tuve grandes éxitos con dos canciones escritas por él, "Tracks of My Tears" y "Ooh Baby Baby". Me invitó a cantarlas con él en un especial de televisión en 1983, para festejar el vigésimoquinto aniversario de Motown, que también contó con la participación de Michael Jackson cantando "Billie Jean" y haciendo la "caminata de la luna" por primera vez frente a una audiencia nacional. Smokey fue completamente amable y me brindó todo su apoyo, pero yo estaba nerviosa. Cantar "Ooh Baby Baby", mientras lo miraba a los ojos fue intimidante y emocionante al mismo tiempo, y es uno de los puntos más altos de mi carrera. En 2009, escuché a Smokey hablar de una manera más alentadora, incluyente y generosa cuando dio la charla inicial para los estudiantes graduados del Berklee College of Music. A los dos nos concedieron el grado de doctor honoris causa.

A finales de 1972, John Boylan me había ayudado a asegurar una audiencia sólida en las universidades, pero mis discos parecían haber llegado a una meseta desalentadora, tanto artística como comercialmente. Yo estaba yendo en una dirección para tratar de complacer a mi compañía discográfica, y también en otra para tratar de complacerme a mí misma. Había hablado con el personal de Capitol para que me permitieran grabar "Like a Wheel", pero ellos no le veían posibilidades comerciales. Querían que trabajara con un productor de country estilo Bakersfield. Pensé que ese estilo había producido algunos discos buenos, en particular los de Merle Haggard, pero no sentía que tuviera alguna relación con mis aspiraciones, que eran más eclécticas.

Solo le debía un disco a Capitol. Ya había recibido ofertas de directores de otros sellos discográficos, como Clive Davis de Columbia, Mo Ostin de la Warner Bros., y Albert Grossman, con su nuevo sello, Bearsville. Grossman era el manager de Bob Dylan, y también manejaba a Peter, Paul and Mary, the Band, y a Janis Joplin. La mejor oferta que recibí fue la de David Geffen y su nueva compañía, Asylum Records. Era un sello pequeño, y sus pocos artistas recibían una gran cantidad de atención personalizada. John había tenido éxito al intentar que los Eagles firmaran con Asylum, y se estaba convirtiendo rápidamente en el hogar de muchos cantautores, así como del sonido country rock de LA, incluyendo a Jackson Browne, Joni Mitchell, J. D. Souther y Judee Sill. Yo sabía que estaría en compañía de otros artistas afines.

Geffen creía que yo podía perder el impulso que había logrado si sacaba otro disco que no fuera promovido adecuadamente por un equipo que no entendiera el rumbo que yo trataba de seguir con mi música. Me dijo que yo debería pedirle a Capitol que le dejaran hacer mi próximo disco a él, y que Capitol podría hacer el siguiente.

John programó una reunión con Bhaskar Menon, quien era el presidente de Capitol. Me sentí un poco avergonzada al reunirme con Menon. Anteriormente, Herb Cohen había intentado sin éxito liberarme de Capitol y había amenazado a Menon con mal comportamiento en público de mi parte, lo que podría darle una imagen negativa a Capitol. Pero se trataba de una artimaña, porque yo no habría aceptado algo semejante, y fue precisamente el hecho de manejar a un artista como si se tratara de un gallo de pelea lo que me llevó a terminar mi vínculo con

Herb, quien me había descrito a Menon como si se tratara de un enemigo. Yo no lo conocía, y me sorprendió ver a un hombre con buenos modales, encantador, refinado e inteligente, natural de la India. Su sensibilidad y comportamiento amable eran muy distintos a los de muchos hombres de la industria discográfica que mascaban tabaco, eran rebuscadores y adictos a la cocaína, y que yo consideraba como un estereotipo definitorio. Escuché en silencio mientras mi abogado Lee Phillips hablaba por mí. Menon respondió que le gustaría que yo permaneciera en su sello discográfico, sugiriendo así que yo necesitaba escoger entre cantar rock o música country. Yo no quería escoger. Quería cantar "Heart Like a Wheel".

Menon no parecía estar persuadido por la presentación magistral de Lee Phillips, así que decidí hablar. Le dije: "Por favor, señor Menon, déjeme ir. No quiero estar aquí, no encajo aquí, y, además, no me necesita. Usted tiene otras dos cantantes, Helen Reddy y Anne Murray, que venden muchos discos para usted. ¡Déjeme ir!" Para nuestra sorpresa, él cedió. Yo era libre de firmar con Geffen.

7
La gira de Neil Young

Fotografía de Henry Diltz.

En enero de 1973, David Geffen le dijo a John Boylan que quería que yo abriera los conciertos en la próxima gira de Neil Young. Yo me resistí, por decir lo menos, porque mi espectáculo y mi banda habían sido creados para tocar en clubes pequeños, y nuestro primer concierto con Neil sería en el Madison Square Garden. David y John sabían el impulso tan grande que la extraordinaria exposición al público de todo el país le daría a las ventas de mis discos, y me convencieron. Viajamos a Nueva York con pocos días de antelación.

Esa noche, cuando Neil había cantado un par de canciones, alguien le entregó una nota: se decía que el asesor de Seguridad Nacional Henry Kissinger había llegado a un acuerdo en París para terminar la participación de los Estados Unidos en la guerra de Vietnam. Neil anunció simplemente: "La guerra ha terminado". Las dieciocho mil personas que estaban en la audiencia estallaron en gritos de júbilo y satisfacción durante los diez minutos siguientes. Me acurruqué en un rincón en medio del caos, debatiéndome con el hecho de que yo era todavía una cantante de club y con una banda folk que no tocaba a gran volumen, que no tenía un discurso discernible en el escenario, y no sabíamos cómo llegarle al público en ese sentido.

Cambié las coristas, el vestuario y las actitudes (para setenta y ocho espectáculos) por espacio de tres meses mientras recorríamos el oeste del país. Me sentí animada con la presencia del pianista de Neil, Jack Nitzsche, quien además de ser un gran intérprete era un borracho infame. Él me decía con una regularidad metronómica que, como cantante y artista, yo no estaba a la altura para abrir los conciertos de Neil, y que le iba a sugerir a Neil que contratara a la cantante de soul Claudia Lennear o a la cantautora Jackie DeShannon para reemplazarme. Aunque yo compartía básicamente su opinión, no iba a permitir que un borracho desagradable me sacara del escenario y seguí viendo qué podía hacer para mejorar. También observé a Neil —quien fue muy amable conmigo— realizar su espectáculo cada noche, y me siguió pareciendo uno de los cantantes más puros y compositores más talentosos de la música contemporánea. Oír su voz, misteriosa como el aullido producido por el viento en una pradera —una voz de niño soprano inyectada con testosterona— en dosis concentradas y frecuentes, fue una parte sumamente importante de mi educación musical, y un placer eterno.

Los miembros de la gira viajaban en un avión turbohélice Lockheed Electra. A bordo se encontraban varios managers, la banda de Neil y la mía, y algunos miembros de la sección de sonido. La azafata era Linda Keith, esposa de Ben Keith, que tocaba la guitarra de acero con pedal para Neil. Era eficiente y amable, y parecía alegremente inconsciente de las sustancias que algunos de los pasajeros encendían o aspiraban en los vuelos. Yo me sentía feliz de que siempre nos diera fruta fresca. Probablemente nos salvó del escorbuto.

A finales de febrero aterrizamos en el aeropuerto Intercontinental de Houston. Estábamos programados para dar un concierto en el Coliseo Sam Houston, un estadio de hockey con capacidad para diez mil personas, y teníamos libre la noche siguiente antes de viajar a Kansas City, Missouri. Cuando llegamos al hotel, nos encontramos con Eddie Tickner, el mánager de Gram Parsons. Nos dijo que Gram y Emmylou Harris, la nueva chica con la que estaba cantando, tocarían en Liberty Hall, un conocido club de Houston.

Chris Hillman, integrante de los Byrds, y que más tarde fue compañero de banda de Gram en los Flying Burrito Brothers, me había dicho una noche que él y Gram se habían reunido con Emmylou en Washington, DC, y que les había entusiasmado su forma de cantar. Creía que realmente necesitábamos conocernos —pues teníamos ideas similares en nuestra música—y estaba seguro de que haríamos buenas migas. Me sentí emocionada de tener la oportunidad de experimentar personalmente lo que Chris me había sugerido y le pedí a John Boylan si quería hacer los preparativos para que viéramos a Emmylou cuando termináramos de tocar.

Llegamos al Liberty Hall y estaba lleno de miembros de un club llamado The Sin City Boys. Eran muy ruidosos, pero guardaron silencio cuando Gram y Emmylou empezaron a cantar. Era obvio que algo inusual ocurría en el escenario, y todos estábamos fascinados. Emmy tiene la capacidad de hacer que cada frase de una canción suene como una última súplica desesperada por su vida, o al menos por su cordura. No hay melodrama, solo la pura verdad de la emoción cruda. Es lo sagrado suplicándole a lo profano.

Mi reacción fue un poco conflictiva. En primer lugar, me encantó su forma de cantar. Advertí que ella hacía lo mismo que yo trataba de hacer, solo que mucho mejor. Luego tomé una decisión que duró una fracción de segundo, la cual afectaría mi forma de escuchar y de disfrutar la música para el resto de mi vida. Pensé que si me permitía sentir envidia de Emmy, sería doloroso escucharla y me negaría el placer de hacerlo. Si simplemente aceptaba amar lo que ella hacía, yo podría tomar el lugar que me correspondía entre los demás seguidores embelesados de Emmylou, y luego tal vez, solo tal vez, podría cantar con ella.

Acepté esto.

De vuelta al hotel, le dijimos a Neil que había ofrecido un gran espectáculo. Él y su banda, los Stray Gators, y los integrantes de la mía, fuimos a ver a Gram y a Emmy la noche siguiente. Dieron otro gran concierto, y Neil y yo nos sentamos en la parte de atrás. Alguien les había dado a Gram y a Emmy chaquetas con las palabras *Sin City* cosidas en la parte posterior. Uno de los chicos de Sin City se acercó al escenario y me regaló una chaqueta, que utilicé varios años. Después del concierto, el propietario de Liberty Hall organizó una fiesta en el vestidor grande del segundo piso.

Y entonces comenzaron los problemas. Jack Nitzsche se acercó, pasó su brazo a mi alrededor y empezó a hablarme de un modo bastante elogioso. Luego, y gradualmente, hizo comentarios abusivos. Yo estaba acostumbrada a la rutina nocturna de sus comentarios hirientes y traté de alejarme. Jack era pianista, tenía brazos fuertes y me atrapó con un control férreo. Continuó diciéndome las cosas más crueles e insultantes que pudo expresar en su estado de ebriedad. Le pedí que me dejara ir y respondió que tendría que forcejear con él para hacerlo. Comprendí que quería hacer una escena desagradable, pero yo no estaba dispuesta a enfrascarme en una gran pelea con él y arruinar la noche tan maravillosa que habíamos pasado con Gram y Emmy. Sin embargo, su intimidación mezquina me había asustado y, aunque traté de contener las lágrimas, comencé a llorar. John Boylan, mi baterista, Mickey McGee, y Ed Black, que tocaba la guitarra con pedal de acero en mi banda, vieron que yo estaba molesta y se acercaron para ayudarme. Con tres hombres fornidos a mi lado, Nitzsche retrocedió.

Decidimos volver al hotel. Dos o tres limusinas nos esperaban abajo. Subimos a la primera y vimos que Gram y su esposa Gretchen ya estaban adentro. Empezábamos a alejarnos de la acera cuando tocaron la ventanilla y Jack tropezó con el asiento delantero. Se dio vuelta y comenzó a hablar a través del panel divisorio.

—Eres un desastre, Gram —dijo—. Estás jodido.

La reacción de Gram fue preguntarse en voz alta por qué Nitzsche tenía una actitud tan beligerante. Jack siguió increpándolo.

—Eres un drogadicto, Gram. Te vas a morir. Danny Whitten ha muerto y tú serás el siguiente —le dijo, en referencia al guitarrista de Crazy Horse que había muerto de una sobredosis apenas tres meses atrás.

Gretchen comenzó a llorar. Boylan cerró el panel para no oír a Jack.

Gram y Neil querían seguir tocando música, así que nos fuimos a la suite de Neil y empezamos a cantar todas las canciones country que sabíamos. Emmy no fue con nosotros. Cantamos el conocido repertorio de George Jones, Hank Williams y Merle Haggard. Gram y Neil nos mostraron algunas de sus nuevas canciones. Nos divertimos por un tiempo, hasta que Jack se acercó al teclado eléctrico que había en la habitación de Neil y comenzó a golpear acordes sin sentido. Luego se puso de pie y me dijo:

—¡Tu música es una mierda! ¡Te voy a mostrar lo que pienso de tu música!

Caminó hacia el centro de la habitación, abrió la cremallera de sus pantalones y comenzó a orinar en el suelo. Gram tiró el sombrero de Jack bajo el chorro, y este acabó orinando en su propio sombrero.

Yo estaba al otro lado de la puerta. John me llevó a mi habitación. Me sentía agotada y estaba hecha un mar de lágrimas. Alguien llamó a la puerta. Era Emmy. Se había enterado de lo que me había sucedido con Jack y venía para tratar de hacerme sentir mejor. Me trajo una rosa amarilla. La apreté, y aún la conservo en una caja. Todavía tengo a Emmy también.

Años más tarde, Jack me pidió disculpas durante un período de sobriedad. En términos retrospectivos, me imagino que a él realmente no le gustaba mi forma de cantar, y tenía derecho a eso. Él sabía que yo no me oponía a su opinión, pues estaba aprendiendo mientras cantaba en aquellos escenarios enormes. Resultó que yo era lo suficientemente resistente para sobrevivir al ataque nocturno de sus insultos de borracho. Jack era un músico y arreglista estelar, que tenía a su crédito impresionantes arreglos para Phil Spector ("River Deep, Mountain High" de Tina Turner) y para los Rolling Stones ("You Can't Always Get What You Want"). Me pareció trágico verlo comportarse de ese modo, y privarse de la oportunidad de estar en el mundo con la gracia y la dignidad de la que era plenamente capaz.

La mañana después del desafortunado incidente en la habitación de Neil, todo el mundo subió a bordo del avión y se comportó como si no hubiera sucedido nada. Una persona de la organización de Neil debió haberle dicho a Jack que me dejara en paz, porque después de eso no volvió a molestarme. La gira duró cinco semanas más. La pasé muy bien.

Seis meses más tarde, Gram murió de una sobredosis de drogas.

8

Emmylou

Fotografía de Henry Diltz.

En el escenario del
Universal Amphithater.

ME ENTERÉ DE LA MUERTE de Gram mientras estaba de gira, y de inmediato me preocupé por Emmy. No sabía exactamente cuál era el vínculo que había entre ella y Gram, pero yo sabía que era profundo. Ninguno que los hubiera visto cantar juntos habría dudado de esto.

La llamé, y pude percibir en su voz que estaba sufriendo mucho. Le pregunté si le gustaría venir a Los Ángeles y pasar un tiempo conmigo. Yo estaba programada para tocar una semana en el Roxy, que era el escenario y bar más hip de Hollywood, fundado por Lou Adler y Elmer Valentine, y co-propiedad de David Geffen, Peter Asher y Elliot Roberts. Le pedí que me acompañara en mis presentaciones, pensando que esto podría despertar un cierto interés por Emmy como solista.

Lo primero que hizo después de llegar a mi apartamento fue sacar su guitarra y tocar una canción que acababa de escribir, llamada "Boulder to Birmingham". Me hizo llorar y constatar que Emmy era una compositora que debía ser tomada en serio. Me emocionó ver que había escrito una canción tan impresionante, y me sentí con el corazón partido por lo que la había inspirado.

Pasamos un par de días examinando canciones que pudiéramos armonizar para las presentaciones en Roxy. Trabajamos algunos temas de Hank Williams: "I Can't Help It If I'm Still in Love with You" y "Honky Tonkin'". Emmy me enseñó una vieja canción, llamada "The Sweetest Gift (A Mother's Smile)", y la cantamos a dúo.

Cuando abrió la maleta, me mostró unas prendas que le había dado Nudie, el diseñador de alta costura de todas las grandes estrellas de la música country y western. Nudie, y su yerno Manuel Cuevas, el brillante diseñador mexicano, habían creado los trajes que Gram y los Flying Burrito Brothers habían vestido en la portada de *The Gilded Palace of Sin*, su primer álbum. Eran verdaderos tesoros, pero valían mucho dinero y no podíamos comprarlos. Emmy me había traído una chaqueta Sweetheart rosada estilo Rodeo y un chaleco rojo y brillante con herraduras blancas. El chaleco, confeccionado originalmente para el cantante de country Gail Davies, tenía pequeñas mancuernas brillantes que le hacían juego, y lo usé con los pantalones cortos Levi's que tenía puestos cuando estuve en la cárcel del condado de San Mateo.

No recuerdo mucho de los espectáculos que dimos en el Roxy, solo que en Hollywood, los rumores acerca de la hermosa chica de ojos cafés y de gran talento que se había quedado sola tras la muerte de Gram Parsons, preguntándose qué hacer con su propia música, viajaron a la velocidad de un rayo. No mucho tiempo después, Emmy firmó un contrato discográfico con Warner Bros Records. El sello le asignó al productor canadiense Brian Ahern, quien conformó la Hot Band para acompañarla.

Estaba integrada por algunos de los mejores músicos de Nashville, incluyendo a Glen D. Hardin, de la banda de Elvis Presley, James Burton, el guitarrista y héroe del rock-and-roll, y el reconocido compositor Rodney Crowell. Hicieron una serie de grandes discos juntos, que contribuyeron a definir el country rock como un género musical serio.

Mientras tanto, estábamos dando un concierto en Atlanta, y mi banda se enteró de que Little Feat, uno de sus grupos favoritos, tocaría en un club cercano. Yo recordaba vagamente haber conocido a Lowell George, su cantante y compositor principal, en mi casa de Topanga Canyon. Sin embargo, no había escuchado a su banda. Fuimos a verlos después de nuestro espectáculo, y cuando llegamos, estaban tocando "Dixie Chicken". El público de Atlanta estaba en un verdadero frenesí. Little Feat, mi banda de rock-and-roll favorita hasta el día de hoy, sonaba como ninguna otra. Tenía capas de compases propios de los desfiles de Nueva Orleans, sincopados de una manera extraña, con Bill Payne golpeando una parte del teclado de un modo que evocaba el estilo del Professor Longhair, de Louis Gottschalk y de Claude Debussy. Adicionalmente, Lowell tocaba la guitarra slide con una llave de cubo de 11/16, marca Sears, Roebuck and Co., en el dedo meñique. La llave de cubo, más pesada que el habitual cuello de botella o tubo de lápiz labial preferido por los músicos de blues, le daba un sonido lánguido y cremoso a la música, completamente propio. Lowell tenía una voz rica y ambarina que podía entonar adentro y afuera del falsete. Sus adornos vocales saturados de blues tenían destellos de cantos clásicos de la India, y él tenía una entonación infalible y un gran conocimiento rítmico. Su estilo de composición no estaba restringido por las formas de la música pop convencional, y sus letras extravagantes sugerían una inteligencia prodigiosa.

Lowell se me acercó en el camerino y abrió la mano, dejando al descubierto una pastilla grande; me parpadeó varias veces y me dijo:

—Hola, ¿quieres un Quaalude?

Yo no quería un Quaalude, sino los acordes iniciales de "Willin'", una canción suya sobre un conductor de camión que había cantado esa noche. Fuimos a una casa, donde hicimos una larga sesión de improvisación, en la que Lowell tocó la canción para mí, afinada en Sol abierto. Pronto descubrimos que sonaba mejor en clave de Mi. Acordamos encontrarnos cuando los dos estuviéramos de nuevo en Los Ángeles, y él me mostraría cómo interpretarlas en esta última clave.

Fiel a su palabra, Lowell llegó a mi apartamento con su gran guitarra acústica Guild y me enseñó la canción. Uno de los problemas al cambiarle la clave original a una canción es que la forma en que se interpretan los acordes puede arruinar su encanto. Además, el ajuste en Sol adquiere cierta resonancia cuando se aflojan las cuerdas para lograr el acorde. En la afinación en Mi abierto, las cuerdas relevantes tienen que estar sintonizadas a mayor altura para formar el acorde, por lo que el sonido no es muy fuerte. Aún así, la afinación en Mi rugió en su guitarra Guild, la cual me prestó por un par de semanas para que yo no tuviera que sintonizar mi guitarra cada vez que quisiera tocar la canción. La toqué hasta que me salieron ampollas en los dedos.

Unos días antes de conocer a Lowell, yo estaba en mi habitación en el tristemente célebre Hotel Watergate en Washington, DC, y tenía la noche completamente libre. Sonó el teléfono. Era Emmy, quien me dijo que estaba con un grupo de músicos a los que creía que yo debía conocer, y me propuso que me reuniera con ella. Me dio la dirección y las instrucciones de una casa en

los suburbios en Bethesda, Maryland. Era el hogar de un otorri-
nolaringólogo llamado John Starling y de su esposa Fayssoux.
Cuando John no le sacaba las amígdalas a un paciente en el
quirófano, tocaba la guitarra y cantaba como barítono en una
banda de bluegrass llamada Seldom Scene. Fayssoux, una pató-
loga del habla, era hermosa, con un perfil de camafeo, y un pelo
cobrizo y brillante que le llegaba a la cintura. Hablaba con el
tono refinado de la aristocracia sureña, su casa era inmaculada,
y era una cantante de armonía aún más inmaculada. Ella, Emmy
y John habían pasado noches incontables haciendo arreglos de
canciones tradicionales, y de clásicos de la música country; parecían una familia cuando cantaban juntos. Seldom Scene tenía
otros dos miembros: Ben Eldridge, un matemático, en el banjo,
y Mike Auldridge, un artista gráfico, en el dobro.

La mayoría de los intérpretes del dobro le imprimen mucha
arrogancia a este instrumento y lo hacen gruñir, pero Mike era
muy original. Apacible y tímido, abordaba la música con una
especie de reverencia silenciosa que le daba una calidad lírica
inusual a su manera de tocar. El suyo era un estilo seminal que
ha influido en muchos intérpretes jóvenes, incluyendo a Jerry
Douglas, actual virtuoso del dobro.

Tocamos y cantamos hasta bien entrada la noche, y la noche
siguiente volví para hacer lo mismo. Emmy, que tiene un oído
infalible para una canción con integridad, estaba empezando a
explorar material para *Pieces of the Sky*, su maravilloso primer
disco con un sello discográfico importante. Nos cantó "Too Far
Gone", de Billy Sherrill, "Sleepless Nights", de Felice y Boudleaux Bryant, y "Angel Band", de Stanley Brothers, con John
y Fayssoux armonizando perfectamente. Yo no veía la hora
de tener otra noche libre en Washington para poder cantar de
nuevo con ellos.

9

Peter Asher

KATE TAYLOR APARECIÓ EN mi camerino después de un concierto que di con los Eagles en el Teatro Capitol de Passaic, Nueva Jersey. Hablamos un momento de tejido. Ella me había enseñado a tejer calcetines de lana con cinco agujas; le dije que había trazado un patrón de corazones en un papel cuadriculado, y que era maravilloso cuando los calcetines tomaban forma. Poco después, Kate cambió de tema y me dijo que no quería seguir una carrera como cantante que involucrara giras constantes, y que prefería tocar música en casa y hacer pocas presentaciones. Me instó a pedirle de nuevo a Peter Asher que fuera mi mánager, pues pensaba que él aceptaría.

Caminábamos hacia una escalera para bajar al escenario, donde los Eagles estaban comenzando su presentación. Yo observaba su cara de cerca, para asegurarme de que se sintiera cómoda con lo que me había dicho, y no estaba mirando mis pasos. El talón se me atascó en el peldaño superior y rodé hasta la base de las escaleras. Me quedé sin aire, y mientras yacía en el suelo esforzándome para recuperar el aliento, decidí hablar con Peter tan pronto regresara a Los Ángeles.

De vuelta en California, llamé a la esposa de Peter y le dije lo que Kate me había sugerido. Le pregunté si creía que Peter todavía estaría interesado en trabajar conmigo, y ella respondió que era posible. ¿Por qué no iba a cenar con ellos y hablábamos del asunto? Betsy nos preparó una cazuela con medallones de cerdo, cebolla y papas, y cenamos frente a la chimenea de su agradable casa en Beverly Hills. Cuando sirvieron el postre, habíamos llegado a un acuerdo. Ninguno de los dos quería un contrato escrito. Sellamos el trato con un apretón de manos y un abrazo.

Tener a Peter como mi mánager significaba que John Boylan podría dedicarse otra vez a su trabajo preferido, que era la producción discográfica. Más tarde fue vicepresidente de artistas y repertorio para Epic Records, y produjo varios éxitos para numerosos artistas.

Cuando comencé a trabajar con Peter, yo ya había grabado *Don't Cry Now* para Asylum y me estaba preparando para hacer el disco que aún le debía a Capitol. No había interpretado "Heart Like a Wheel" para él, pues no estaba dispuesta a tolerar que esta canción fuera rechazada de nuevo.

Una noche, yo estaba ensayando con Andrew Gold, el pianista y guitarrista de mi banda. Durante un receso, Andrew comenzó a tocar a la introducción de "Heart Like a Wheel" y empecé a cantarla con él. A Peter le pareció una canción hermosa. Jackson Browne y yo estábamos programados para tocar en el Carnegie Hall de Nueva York al día siguiente, y la añadí a mi repertorio. Fue recibida con mucho entusiasmo.

Mi ambición financiera para la próxima gira, programada para comenzar en enero de 1974, era simple: quería ganar suficiente dinero para comprar una lavadora. Cargar pesadas bolsas llenas de ropa sucia en los dos días libres que tenía antes de iniciar otra gira era todo un lastre; quería una lavadora casi tanto como había querido un poni cuando era una niña.

Saldría con Jackson Browne para dar una gira que duraba tres meses. Teníamos nuestro propio autobús, pero no podíamos permitirnos uno con cocinas y literas. El nuestro tenía bancas duras, unas enfrente de otras, lo cual nos permitía jugar partidas interminables de póquer y tocar música juntos. Tendríamos que viajar de noche con frecuencia, así que fuimos a una ferretería y compramos láminas de madera que colocamos encima de los asientos. Luego inflamos colchones de aire y armamos unas camas que, en términos de confort, eran solo un poco menos terribles que permanecer sentados toda la noche. Dormíamos de a dos por cada cama, y lo hacíamos en cualquiera que estuviera disponible. Los colchones de aire se desinflaban con frecuencia, y teníamos que inflarlos de nuevo a medianoche.

David Lindley, quien tocaba con Jackson, iba con nosotros. David es un multi-instrumentista que colecciona y toca una gran variedad de instrumentos que no sé pronunciar, y mucho menos escribir. Era joven, y ya había explorado ampliamente diversos estilos musicales, como los de Oriente Medio y Europa Central. Tiene un rostro cambiante que adquiere una expresión traviesa durante las raras veces que está en reposo. Es uno de los grandes personajes del mundo de la música, y tiene la capacidad de cambiar de acentos y de personajes tan fácilmente como puede cambiar de instrumentos y estilos musicales. Durante una de nuestras conversaciones, mientras imitaba diferentes voces y personalidades, descubrimos que nuestras familias tenían una relación de parentesco por el tatarabuelo de mi abuela, y que David era un primo lejano mío. No supe si sentirme contenta o angustiada.

David no era capaz de dormir con otra persona en una litera ni tenía paciencia con los colchones que se desinflaban, y comenzó dormir en el portaequipajes del autobús. El espacio era tan estrecho, que una litera de un submarino parecería amplia y lujosa. Se despertaba a las horas más insólitas y escuchaba a todo volumen la música zydeco de Clifton Chenier, el acordeonista de Luisiana, la cual retumbaba en todo el autobús. Sin embargo, a nadie parecía importarle. David era apreciado como un querido tío en las últimas etapas de la demencia.

Lowell George tuvo una pelea con sus compañeros de banda y se unió a nosotros en alguna parte de la gira. Se sentaba con Jackson en la parte delantera del autobús, mientras Jackson escribía "Your Bright Baby Blues". Lowell lo acompañaba en la guitarra eléctrica, la cual conectaba a un amplificador Pignose que funcionaba con una pequeña batería. Lowell también escribió buenas canciones en ese viaje. Recuerdo que lo vi escribir con una pluma Rapidograph las letras de "Long Distance Love" y "Roll On Through the Night" en un libro en blanco.

Nos dirigimos al este hacia la ciudad de Nueva York y luego giramos al sur. Mientras tanto, los pasajeros de nuestro autobús sufrían los embates de la epidemia de gripe de 1974. Fue un virus particularmente fuerte y algunos miembros de mi banda tuvieron que abandonar la gira. Cuando llegamos a Washington, DC, yo estaba tosiendo, tenía fiebre y escasamente podía caminar. Esa noche nos presentaríamos en la Universidad de Georgetown. Emmy y John Starling fueron a vernos. John me tomó la temperatura, que había subido a 103 grados. De todos modos canté, pero soné horrible y me sentí muy mal por el público. Su esposa también había contraído ese virus. John, que era médico, me advirtió que podía contraer una neumonía si no me cuidaba. Lowell y yo nos hospedamos en casa de John y Fayssoux, y la gira continuó sin mí. Eché de menos las dos últimas presentaciones. Eso significaba que no podría comprar la lavadora.

Permanecí cuatro o cinco días en cama. Cuando finalmente me levanté, escasamente tenía fuerzas para bajar al primer piso y permanecer en el puf anaranjado de la sala.

Por la mañana, John se ponía su bata blanca, y salía a ver a sus pacientes y a practicar cirugías. Cuando llegaba por la noche, se quitaba la bata, sacaba su guitarra y tocaba con Emmylou y con los miembros de Seldom Scene. Me sentí muy enferma durante una semana, y simplemente los escuchaba mientras permanecía en el puf. Una semana después empecé a cantar con ellos.

Paul Craft, un compositor y amigo de John que vivía en Nashville, vino de visita y me enseñó a cantar "Keep Me from Blowing Away", una canción que había compuesto recientemente. Decidí grabarla en Maryland, acompañada por Paul y John.

John me habló de un ingeniero de sonido que había construido un gran estudio de grabación en las inmediaciones de Silver Spring. Era muy competente en su profesión y John lo invitó a su casa para que yo lo conociera. Se llamaba George Massenburg, y terminó siendo mi socio musical más importante, pues trabajamos juntos en al menos dieciséis álbumes.

Emmy llegó con su joven amigo Ricky Skaggs, quien estaba empezando a adquirir reputación como un formidable tenor de bluegrass y un excelente cantante de armonía. John Starling se lo había recomendado a Emmy para su banda. No pude creer cuando oí lo bien que cantaba. Me senté con él y empecé a aprender. Durante los próximos diez días, Ricky me enseñó todo lo que sé sobre armonías de bluegrass.

Emmy invitó a Jet Thomas, otro amigo suyo que se hospedó en el sótano de los Starling. Jet había sido el decano de estudiantes de primer año en Harvard, y supervisor de dormitorio cuando Gram Parsons había estudiado allí a mediados de los años sesenta. Era modesto y tranquilo, con ojos azules y penetrantes y una mente brillante. Él y Gram habían continuado su amistad después de estudiar en Harvard, y Jet asistía de vez en cuando a las sesiones de grabación y a los conciertos de Gram para levantarle la moral. Emmylou y Jet forjaron una sólida amistad después de la muerte de Gram. Jet escuchaba más de lo que hablaba, pero cuando lo hacía, tenía una gran habilidad para aclarar ideas y cambiar la actitud de todos en el mejor de los sentidos. En el mundo de la música, que desafía la gravedad como si se tratara de un cuadro de M.C. Escher, Jet era un amigo y aliado muy valioso.

Con un grupo de músicos tan buenos reunidos bajo un mismo techo, tocamos todas las hermosas canciones que sabíamos hasta altas horas de la noche. Afuera nevaba con inclemencia. Había caído tanta nieve a medianoche que era imposible salir. ¡Genial! Seguimos cantando varios días más. Emmy y yo hemos comentado muchas veces que llevamos más de treinta años grabando las mismas canciones de aquella maratón musical en medio de la nieve. Están incluidas en mis discos, en los de Emmy, y en los que ella y yo hicimos con Dolly Parton, mientras George Massenburg presidía casi siempre la sala de control del estudio.

Cuando cesó la tormenta, fuimos a Silver Spring y grabamos "Keep Me from Blowing Away". Lowell vino a ayudarnos y quedó tan impresionado con George Massenburg que hizo las paces con Little Feat y los invitó a Maryland, donde grabaron *Feats Don't Fail Me Now*. Lowell también produjo un hermoso álbum, *Long Time Gone*, para John Starling, con la ingeniería de Massenburg en varios cortes.

Lowell convenció a Massenburg para que se mudara a Los Ángeles, donde continuó grabando con Little Feat y trabajó en una serie de exitosos álbumes con Earth, Wind & Fire. Posteriormente construyó otro estudio, el Complex, en el oeste de Los Ángeles, donde Peter Asher y yo grabamos varios años con él.

10

Heart Like a Wheel

EN LA PRIMAVERA DE 1974, comencé a trabajar con Peter en el
disco que le debía a Capitol; lo hicimos en Sound Factory, en
Hollywood. El hecho de que Capitol me pidiera ese disco resultó ser uno de los momentos más afortunados de mi carrera.
Al Coury, uno de los mejores promotores en el mundo de la música, era el director de artistas y repertorio de Capitol, y también
de promoción. Quería mostrarle al advenedizo David Geffen
que podía lanzar una campaña de ventas superior a la suya. A
Geffen también le interesaba que el disco se vendiera, pues yo
grabaría mi siguiente disco con su sello discográfico, y vendería
más si el de Capitol tenía éxito. Lo cierto fue que los dos sellos
participaron de lleno en mi proyecto. Me sentí como una chica
con dos pretendientes compitiendo por mi mano.

Estaba emocionada de poder grabar finalmente "Heart Like
a Wheel", de Anna McGarrigle. Dediqué mucho tiempo y energía para planear los arreglos, realizados magistralmente por el
violinista David Campbell, y me aseguré de que incluyeran un
solo de violonchelo. Yo quería el sonido austero de un grupo de
cámara, en lugar de un enfoque orquestal más exuberante, pues
me parecía que esto último había opacado algunos de mis traba-
jos anteriores. Igualmente, terminé los arreglos para mi guitarra
en "It Doesn't Matter Anymore" mientras me obsesionaba con
encerar el piso del apartamento en Beachwood. Emmylou y yo
habíamos trabajado algunas armonías de "I Can't Help It (If I'm
Still In Love With You)", y aceptó grabar conmigo.

Como soy ante todo una cantante de baladas, me parece necesario incluir canciones con ritmo rápido en mis discos y presentaciones para que el público no se duerma al escuchar una canción lenta tras otra. A manera de ocurrencia tardía, decidí incluir en el disco una canción con la que solía cerrar mis presentaciones. Se llamaba "You're No Good", y Kenny Edwards, mi compañero de banda en Stone Poneys, me sugirió que la incluyera en mi repertorio. Era un tema escrito por Betty Everett, la cantante de soul mejor conocida por su éxito "The Shoop Shoop Song (It's in His Kiss)". Estábamos cansados del arreglo que habíamos utilizado en mis presentaciones, y decidimos intentar algo nuevo. Ed Black, que tocaba la guitarra de seis cuerdas y la de acero con pedal, comenzó a tocar un ritmo riff con su guitarra Les Paul. Kenny Edwards se había unido recientemente a mi banda como bajista, y replicó el riff en octavas. Andrew Gold le añadió una parte sobria de batería, dándome una pista básica para cantar.

Hicimos algunas grabaciones y escogimos una que nos gustó. Andrew, que también tocaba guitarra y teclados, comenzó a trabajar con Peter y grabaron varias capas de pistas para guitarra, piano y percusión. Después de trabajar varias horas en la pista básica, empezaron a componer y a ensamblar el solo de guitarra de Andrew. Esto se hizo mediante la grabación de múltiples pistas en las que Andrew tocaba el solo de un modo diferente, y luego editaban las partes que más les gustaban. Luego agregaron más capas en las que Andrew tocaba la guitarra con diferentes efectos electrónicos, un proceso que duró varias horas. Ensamblaron el solo y todos nos sentamos a escucharlo; había tomado mucho tiempo y queríamos ver si era tan bueno como pensábamos. Mientras seguían trabajando, fui a cenar y regresé con un amigo, quien hizo un comentario sobre el solo y se preguntó por qué sonaba como los Beatles. Peter, que había trabajado tan duro y estaba emocionado con el resultado final, no parecía estar muy satisfecho. Pedí oírlo de nuevo. Val Garay, nuestro ingeniero, llevaba todo el día sentado en la consola, ya estaba amaneciendo, y se sentía muy cansado. Se estiró para encender la pista que contenía el solo de guitarra, pero apretó el botón equivocado y borró toda la grabación. Cuando se dio cuenta de lo que había hecho, su rostro se puso tan gris como masilla. Peter permaneció totalmente calmado. Yo podía ver su cerebro funcionando mientras trataba de recuperar la grabación. Andrew abrió su maleta, sacó la guitarra que acababa de guardar y comenzaron a trabajar de nuevo. Fui a mi casa y me dormí de inmediato. Al día siguiente volví al estudio y escuché el solo que habían grabado de nuevo. Peter, Val y Andrew estaban exhaustos. Sonaba fabuloso.

"You're No Good" fue lanzado como un sencillo, con "I Can't Help It (If I'm Still In Love With You)", que había cantado a dúo con Emmylou Harris, en el lado B. En febrero de 1975, "You're No Good" llegó al número uno en el Billboard Hot 100. Además, "I Can't Help It (If I'm Still In Love With You)" alcanzó el número dos en las listas de música country.

En el número 38 de Malibu Colony.

11

Malibu

Heart Like a Wheel dio paso a otros dos sencillos exitosos: "When Will I Be Loved" y "It Doesn't Matter Anymore". Ahora tenía suficiente dinero para comprar una lavadora y empecé a buscar un casa para hacerle compañía.

Me había convertido en una fanática del ejercicio y quería correr bajo un aire limpio y una arena suave. Compré una pequeña casa estilo Cape Cod en la playa de Malibu, unos veinte minutos al norte de Santa Monica, donde había vivido en la época de los Stone Poneys.

El compositor canadiense Adam Mitchell se mudó al apartamento que había encima de mi garaje; era un compañero ideal. Escribía hermosas canciones, era un excelente guitarrista, y tenía un estilo de canto puro y con falsete que me encantaba, con el acento celta de su Escocia natal. Su familia había emigrado a Canadá cuando era todavía un niño. Después de fracturarse la nariz con un palo de hockey, tomó la guitarra y se convirtió en un miembro de the Paupers, una exitosa banda de rock canadiense. También era un atleta consumado. Yo estaba de gira constantemente, y el hecho de que él fuera vecino mío significaba que podía cuidar mi casa mientras yo viajaba. Adam quería tranquilidad y soledad para trabajar, y yo tenía un piano que él podía utilizar siempre que lo necesitara.

Emmylou me presentó a Nicolette Larson, quien había cantado con Commander Cody y su Lost Planet Airmen; nos hicimos amigas de inmediato. Emmy y Nicolette habían grabado a dúo una canción de la familia Carter llamada "Hello Stranger", que había recibido una gran cobertura radiofónica en Country Radio. Nicky tenía la dulzura ferviente de una chica de la pradera del Medio Oeste, y podía hacer divertida la más triste de las faenas. Su pelo era bellísimo, grueso, rizado, y le llegaba más abajo de la cintura. Intercambiábamos ropas, equipajes, y las confidencias más profundas sobre nuestros romances. Se quedaba varios días en mi casa, horneábamos pasteles de cereza, pan de trigo integral y cantábamos armonías con Adam.

John David Souther y Don Henley vivían un poco más al norte, y venían de vez en cuando a tocar sus nuevas canciones. A veces traían a Jackson Browne o a Glenn Frey, y todo era igual que en nuestra época en Camrose Place.

Neil Young me pidió que cantara armonías en su álbum *American Stars 'n Bars* y vino a mostrarme las canciones. Nicolette estaba esa noche en mi casa, y a él le gustó la forma en que sonamos juntas, así que fuimos a su hermoso rancho en el norte de California y trabajamos durante varios días. Él nos decía las "Alforjas".

Yo había conocido a Neil en 1971, la segunda vez que me presenté en *El Show de Johnny Cash*, en el que también participaron Neil y James Taylor. Grabamos el programa en el Auditorio Ryman de Nashville, famoso por ser el hogar original de la Grand Ole Opry.

En una de nuestras noches libres, Randy, el hijo adolescente de Earl Scruggs y mago de la guitarra, me invitó a cantar en Opry y me presentó a Dolly Parton. Recuerdo que me pareció la piel más hermosa que hubiera visto nunca; también tenía un gran encanto. Yo había escuchado una canción escrita por ella, llamada "Jolene", y le dije lo mucho que la admiraba. También admiré su falda enorme y mullida; me respondió que no por estar vestida así era una campesina tonta. Yo no había pensado en eso, pero me tomé sus palabras en serio.

Después de trabajar todo el día en la grabación del programa de Cash, John Boylan y yo fuimos a los Quadrafonic Studios, localizados al sur de Music Row, donde Neil estaba grabando *Harvest*; él nos había pedido a James y a mí que cantáramos armonías de respaldo en "Heart of Gold" y "Old Man". James también tocaba un banjo de seis cuerdas que se sintonizaba como una guitarra. Neil quería que cantáramos en el mismo micrófono, lo cual suponía un problema, pues yo soy bajita y James es muy alto. Él terminó sentado en una silla con su banjo, y yo me arrodillé en el suelo junto a él, estirándome para alcanzar el micrófono y cantar unas notas supremamente altas para lograr una armonía por encima de James. Trabajamos hasta el amanecer y sin quejarnos. Cuando la música es buena, no te aburres ni te cansas. "Heart of Gold", una de las canciones que grabamos esa noche, se convirtió en el mayor éxito en la carrera de Neil. Salimos del estudio al amanecer. El clima estaba helado y cayó una tormenta de nieve sin precedentes. Nos pareció una delicia.

Varios años después, cuando grabamos *Stars 'n Bars*, Neil había construido un estudio de grabación en su rancho, que tenía la vieja mesa de tubos de mezclas que había pertenecido a los legendarios estudios Gold Star Recording en Hollywood, donde el productor Phil Spector había grabado tantos éxitos con la técnica llamada "muro de sonido". Tal como observé en las sesiones de *Harvest*, Neil era un poco reaccionario en su estilo de grabación. En lugar de grabar una pista básica y trabajar varios días en el sonido, prefería que todo el mundo tocara al mismo tiempo, lo que le daba a sus discos un sonido crudo y espontáneo que era inconfundiblemente suyo.

No hay una manera única de grabar. Es una cuestión de estilo personal. Cuando grabé *Graceland* con Paul Simon a mediados de los años ochenta, él hacía sus discos grabando unas pocas pistas por etapas, agregando capas de sonido del mismo modo en que Vermeer -el pintor holandés del siglo XVII- añadía capas de pintura al óleo. La obra de Neil es más como un dibujo a pluma y tinta. Pero lo cierto es que tanto Neil Young como Paul Simon son verdaderos maestros.

Por sugerencia mía, Nicolette grabó una canción de Neil llamada "Lotta Love" y obtuvo su primer éxito como solista. En señal de agradecimiento, su productor Ted Templeman me instaló un gran sistema de sonido en mi nuevo Mercedes convertible. Yo recorría Sunset Boulevard, desde Pacific Coast Highway hasta Hollywood, escuchando a los Beach Boys a todo volumen y admirando la forma en que los cristales de sal flotaban en el aire, reflejando un brillo rosado. La vida era buena.

Empecé a ejercitarme con un entrenador llamado Max Sikinger. Medía apenas unos cinco pies y era increíblemente sabio acerca de los misterios del cuerpo humano. Supe que Eden Ahbez se inspiró en él para escribir su hermosa canción "Nature Boy", grabada por Nat "King" Cole en 1948 y que siempre me ha gustado. La descripción que hace la canción de Max es increíblemente precisa.

Max había nacido en Alemania, y me dijo que cuando tenía cinco años, a finales de la Primera Guerra Mundial, estaba con su madre en una estación de tren y las bombas comenzaron a explotar; nunca pudo encontrarla ("Un poco tímido y de ojos tristes", dice la canción). Fue acogido por una pandilla de niños de la calle, y su baja estatura se debía probablemente al hambre que padeció durante muchos años en los escombros de Alemania de la posguerra. Cuando tenía unos quince años, Max mintió sobre su edad y consiguió un trabajo en un barco mercante que atracó en Nueva York. Abandonó el barco y se abrió camino a través de Estados Unidos, estableciéndose en el sur de California. Al lado de hombres musculosos como Jack LaLanne, Max Gold y Steve Reeves, se convirtió en uno de los iniciadores del fitness en Muscle Beach, una playa al sur del muelle de Santa Monica. Max comenzó a entrenar a participantes para los concursos de Mr. Universo, y cuando lo conocí a mediados de los años setenta, entrenaba a estrellas cinematográficas y les enseñaba acerca de las dietas de alimentos crudos, a ayunar, y a levantar pesas. Actualmente, los gimnasios están llenos de mujeres que trabajan con pesas, pero en aquellos días las discípulas de Max eran las únicas en hacerlo. Él me enseñó que una larga caminata es mejor para la depresión que varios de años de análisis freudiano, el cual estaba de moda en aquella época, o que cualquier medicamento, ya fuera formulado o de venta libre.

Soy muy alérgica al alcohol y nunca he podido tolerarlo en ninguna cantidad. Traté de emborracharme un par de veces bebiendo tequila, la bebida favorita de mi padre. La cara se me puso completamente roja y pasé varios días vomitando. Nunca me hizo un efecto agradable y solo sentí la resaca. Si aspiraba cocaína, terminaba con la nariz ensangrentada y tenía que ir de inmediato al médico para que me hiciera una cauterización. Una vez me dijo que la cocaína hacía caer los cilios del canal auditivo, muchas veces para siempre. Esto puede causar pérdida permanente de la audición. Comprendí que mis oídos eran un elemento importante de mi sistema musical, y ese fue el fin de mi interés por la cocaína.

Max me había ayudado a fortalecer el cuerpo, y me había dado una buena alternativa a las drogas y al desenfreno propio del mundo de la música. Él me hizo un regalo muy valioso.

Compré un caballo árabe gris y moteado, y traté de revivir mis aventuras infantiles, pero cabalgar por los suburbios excesivamente urbanizados de Los Ángeles no era lo mismo que la libertad salvaje que yo había experimentado en el desierto de Arizona con Dana, mi amiga de infancia, y con nuestros caballos Murphy y Pinturita.

Un día, Nicolette fue a la playa con unos patines nuevos. No eran como los patines en línea utilizados actualmente, o como los metálicos y aparatosos que tuve en mi infancia, los cuales ajustaba a mis zapatos bicolores con la llave que colgaba de una cinta alrededor de mi cuello. Los nuevos patines de Nicolette consistían en unos zapatos con ruedas grandes de vinilo que le permitían patinar de una forma sorprendentemente suave. Era como tener un Cadillac en cada pie.

Nicky y yo empezamos a patinar en la playa de Venice, la cual nos gustaba porque estaba llena de personajes pintorescos del sur de California. Había viejos izquierdistas judíos jugando al ajedrez, rezagos de la Generación Beat, los culturistas de Muscle Beach, y muchos artistas callejeros. También había vagos y consumidores de todo tipo de drogas que disfrutaban del sol cálido y de ver muchas mujeres con cuerpos esculturales y ligeras de ropas. El patinaje nos ayudó a liberarnos de la cultura del automóvil. Si veíamos algo que nos gustaba, simplemente dejábamos de patinar, sin tener que preocuparnos por dónde dejar el auto. Si no nos gustaba lo que veíamos, podíamos seguir patinando.

Las dos éramos patinadoras novatas y solo podíamos parar agarrándonos de un poste o de un árbol. Teníamos un amigo llamado Dan Blackburn, quien trabajaba como corresponsal para la cadena NBC. Era un buen patinador y se ofreció a reunirse con nosotros en la playa para darnos algunos consejos. Nos dijo que quería presentarnos a una amiga.

Llegó a la hora señalada y nos presentó a una mujer esbelta de pelo oscuro, serena y bonita, con modales refinados y bien educada. Se llamaba Leslie. Patinamos más o menos durante una hora, hasta que fuimos abordados por una maraña de personas que estaban en el suelo, tratando de agarrarnos los tobillos y pidiéndonos agua. Algunos estaban comiendo tierra. Obviamente, estaban bajo los efectos de una droga muy fuerte. Alguien dijo que era "polvo de ángel", el nombre callejero del PCP. El efecto analgésico de esta droga puede impedir que la persona se de cuenta de que necesita tomar agua, y cuando el efecto comienza a desaparecer, se siente desesperada por la sed.

Nos las arreglamos para liberarnos y fuimos patinando a un restaurante cercano. Luego de ordenar el almuerzo, empezamos a hablar de la lástima y de la vergüenza que sentíamos por aquellas personas drogadas, pues habían sido despojadas de toda dignidad, y coincidimos en que el polvo de ángel parecía ser una droga muy nociva. Nicky y yo no la habíamos probado y nos preguntamos cuál podría ser su atractivo. Leslie nos dijo que era una droga muy mala, y que podía llevarlo a uno a hacer cosas que nunca haría en otras circunstancias. Nos dijo que lo sabía de primera mano, pues había hecho una cosa muy lamentable bajo la influencia de las drogas y había estado en la cárcel. Recordé mi propia experiencia en prisión, y le pregunté ingenuamente por qué la habían arrestado.

—Por asesinato—respondió ella.

—Bueno, ¿y a quién asesinaste?—farfulló Nicky.

Leslie respondió que su nombre completo era Leslie Van Houten y que había hecho parte de la "familia" de Charles Manson. Nicolette y yo nos estábamos ahogando con nuestras hamburguesas; Leslie parecía muy normal y agradable. Le preguntamos lo más cortésmente que pudimos cómo había logrado salir de la cárcel y estar almorzando y patinando con nosotros en vez de estar en una celda con el resto de sus secuaces. Ella había apelado su caso porque su abogado desapareció durante el juicio y se decretó que ella había tenido una representación inadecuada. Según ella, la influencia de Charles Manson, y las drogas que él la había invitado a tomar, convencerían al tribunal de que no había estado en su sano juicio y que era por lo tanto inocente.

Dan y Leslie nos hicieron pensar que la vida de una persona puede cambiar fácilmente de normal a grotescamente trágica. Mientras patinábamos de nuevo hacia nuestro coche, nos preguntamos si aquello podría sucederle a cualquiera de nosotras, o a un ser querido. Esto nos hizo ser totalmente conscientes del peligro de las drogas. Recuerdo que me sentí tan perturbada y distraída que perdí la noción del movimiento y caí con fuerza en el pavimento. Esto, sumado a mi caída por las escaleras en el Teatro Capitol unos años atrás, me causó problemas de espalda durante varios años. Naturalmente, la apelación de Leslie resultó infructuosa: fue juzgada y encontrada culpable. Después de casi un año en libertad, regresó a prisión, donde permanece hasta el día de hoy.

Un día, Emmylou me llamó para decirme que Dolly Parton estaba en su casa y quería que yo la visitara. Sin necesidad de más estímulo, subí a mi coche, avancé tan rápido como pude por las curvas de Sunset Boulevard, y llegué en tiempo récord a su casa de Coldwater Canyon.

Las dos estaban intercambiando historias en el sofá en medio de risas. Emmy había sacado su guitarra, y poco después, Dolly sugirió que cantáramos "Bury Me Beneath the Willow", una joya de la familia Carter, y lo hicimos en una armonía de tres partes. Las tres quedamos sorprendidas y asombradas por el efecto de nuestras voces juntas. Emmy y yo habíamos tocado y cantado juntas en muchas ocasiones y con muchas personas diferentes, incluyendo a Neil Young, Roy Orbison, George Jones, y Ricky Skaggs. Y como las tres éramos cantantes y músicas exitosas, por lo general sonaba bastante bien. Este nuevo sonido, sin embargo, tenía algo diferente. Cada una de nosotras pareció darse cuenta de ello al mismo tiempo, y de inmediato comenzamos a buscar otros temas que pudiéramos cantar juntas.

En la música tradicional americana hay muchas configuraciones de trío para hombres, pero pocas para mujeres. Cantar bluegrass ha sido dominio exclusivo de los hombres, y con razón. El intento para que las armonías masculinas tengan un registro tan alto—un gemido que es poco menos que un grito—le confiere una intensidad y una tensión a la combinación vocal, creando lo que se llama un "sonido alto y solitario".

Los estilos de armonización para mujeres me parecen no menos urgentes y mucho más reflexivos. Tanto los hombres como las mujeres que han trabajado duramente en las comunidades rurales nos han dado nuestro rico tesoro de la música americana. Para los hombres, fue el trabajo demoledor en la agricultura, la minería, o en la construcción de ferrocarriles y puentes. Para las mujeres, consistió en lavar, limpiar, cuidar a sus hijos y preparar tres comidas diarias los siete días de la semana. Cuando tenían un poco de tiempo y tocaban música, me imagino que se sentaban en un salón y compartían sus penas, alegrías y decepciones con sus hermanas o amigas íntimas. Seguramente tocaban los instrumentos que tuvieran su alcance y con la competencia musical que pudieran adquirir, para dedicarse de nuevo a la incesante tarea de dirigir un hogar.

El sonido que estábamos haciendo no era bluegrass ni tampoco el género country conocido como "honky-tonk".

Ni siquiera se limitaba a lo que Dolly llamaba la "música de los viejos tiempos", pues también queríamos explorar repertorios más recientes, como las canciones de Kate y Anna McGarrigle, o de Linda Thompson, quien estaba haciendo discos notables con su esposo, el músico británico Richard Thompson. La llamamos "música de salón", pues era más sutil y refinada que el bluegrass, el honky-tonk, o la música pop que escuchábamos en la radio.

Decidimos que nos gustaría hacer un disco juntas. Aunque los méritos de esta idea nos parecían obvios, no fue inmediatamente evidente para nuestros managers y compañías discográficas.

Se han realizado varios intentos para ensamblar y grabar "súper-grupos" conformados por integrantes exitosos y reconocidos de diversas bandas de rock. A veces, la música de estos grupos sonaba bien, pero otras veces no. No estábamos tratando de explotar el hecho de ser tres cantantes establecidas. Queríamos grabar juntas porque en nuestros instintos más profundos, veíamos un parentesco musical.

Por supuesto, tratar de resolver los conflictos y las exigencias de nuestras tres carreras, representadas por distintos managers, agentes y compañías discográficas, hacían que fuera casi imposible cantar juntas a nivel profesional. Nunca logramos alinear los astros para hacer una gira de conciertos, pero logramos sacar un tiempo de nuestras agendas para hacer dos álbumes.

Musicalmente, me pareció una experiencia muy satisfactoria, pues cada una de nosotras le aportó algo diferente al sonido. Por lo general, Emmy encontró las mejores canciones. El estilo de los Apalaches de Dolly, con sus embellecimientos hermosos y floridos, le dio un aire de autenticidad a las canciones más tradicionales. Dolly y Emmy son cantantes de armonía naturales,

MI ABUELO Fred Ronstadt
cuando era joven.

EL CLUB FILARMÓNICO TUCSONENSE en la década de 1890.
Mi abuela era el director. Es el cuarto desde la derecha, en la primera fila,
sentado en una silla. Sostiene su flauta en una mano.

MI TÍA LUISA Espinel Ronstadt
a principios de la década de 1920.
Lansing Brown

EL RETRATO del día en que
mis padres se comprometieron.
Lansing Brown

SENTADA FRENTE a mi mejor amiga, la radio.

VIENDO EL RODEO en el estadio de Pete Martinez, ubicado en la misma calle de nuestra casa en Tucson. (Mi hermana Suzy fue la Reina del Rodeo de ese año.)

VESTIDA PARA ir a un _____ cierto a la edad de tres años, con Suzy y Peter.

CON MURPHY, mi mejor amiga, Dana O'Sullivan, y su pony Little Paint.

A LOS SEIS años de edad, cabalgando mi pony Murphy.

VESTIDA COMO NAV___ _____ mi yegua apalusa en La Fiesta ___ Vaqueros de Tucson, en 1956.

EN NUESTRO JARDÍN cuando
yo tenía once años de edad.
Dana O'Sullivan

MI ABUELA MATERNA Lloyd G.
Copeman con un mapache bebé que
rescató y crió.

CON BOBBY KIMMEL frente
a nuestra casa de Hart Street
en 1966. *Henry Diltz*

EN EL OCTAVO GRADO, vistiendo mi uniforme de escuela católica.

A LOS DIECISÉIS AÑOS de edad, usando el vestido que mi amiga Liisa Wilska y mi madre hicieron para mí.

SUZY, PETER Y YO grabando en los estudios de grabación Copper State como los New Union Ramblers. Tucson, 1964.

DISCUTIENDO SOBRE "Different Drum" con el arreglista Jimmy Bond. *Henry Diltz*

CON NIK VENET escuchando la grabación de "Different Drum". No estaba convencida de los arreglos musicales. Nik sí, y ganó. *Henry Diltz*

MONTANDO MI CABALLO capón árabe, Blue, en el suburbanizado "campo" de Malibú. *Marilyn Meadows*

TOCANDO EN EL CLUB PALOMINO de Los Ángeles en 1972. (De izquierda a derecha) Ed Black, Mike Bowden escondido detrás de mí y tocando el bajo, Mickey McGee (batería), Richard Bowden, Gib Guilbeau y Herb Pedersen. Además de Ricky Skaggs, Herb me enseñó mucho sobre las armonías del bluegrass.

EN MI VESTIDO de cantante Betsey Johnson que usé muchos años. Siempre lo cargaba hecho bolas en mi bolso en caso de que la aerolínea perdiera nuestro equipaje. *Henry Diltz*

TRAS BAMBALINAS en
el Bitter End en Nueva York
con el violinista Gib Guilbeau,
en 1970.

CANTANDO "Prisoner in Disguise"
con John David Souther en el Universal
Amphitheater de Los Ángeles.
Henry Diltz

HOY EN DÍA, PARECERÍA que los artistas del escenario tienen equipos de estilistas, artistas del maquillaje, peluqueros y creadores de imágenes que les ayudan a construir una imagen para presentar al público. En los viejos tiempos no teníamos nada similar y, además, no teníamos dinero. Vestíamos con jeans o pantalones cortos y alguna especie de camiseta. Mi madre ya no cosía para mí y yo no tenía idea de qué usar para vestirme. Nicolette Larson y yo fuimos a comprar a un lugar en el centro de Los Ángeles donde se vendían encajes viejos y ropas antiguas. Eso ocurrió antes de que se les llamara *vintage*. Después de dar una ojeada, decidí mandar a hacer mi ropa; pero, como siempre perdía peso durante las giras, para cuando llegábamos a la Costa Este la ropa se me caía y veía horrible. En Nueva York, Nicolette y yo decidimos buscar algo que pudiéramos usar en el escenario. Fuimos a una tienda de segunda mano en Greenwich Village que nos recomendó uno de los miembros de la banda. Tenían un montón de ropa para niños pequeños que resultó perfecta para los pequeños cuerpos que entonces lucíamos Nicky y yo. Cada una compró uniformes de lobatos y unas camisas hawaianas sensacionales. También compré unos pantalones cortos de fútbol y varios de boxeo. Eso se convirtió en mi guardarropa para la gira. Nos presentamos principalmente en escenarios al aire libre durante ese verano, lo que significaba que hacía calor y sudábamos bajo las luces. Para fines de agosto, los escenarios en lugares más al norte como Michigan y Minnesota se volvían muy fríos después de la puesta del sol. El traje de lobato era ideal porque podía usar ropa interior larga y ponerme su sombrero y pañuelo para conservar el calor. Un vestuario perfecto para exteriores.
Henry Diltz

DOLLY PARTON y yo sentándonos con Emmylou Harris en el Universal Amphitheater.

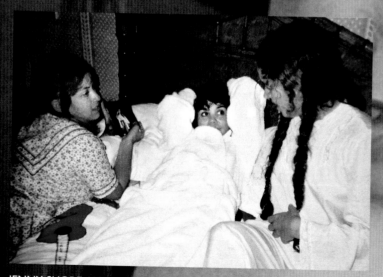

JENNY SHORE, YO Y NICOLETTE LARSON juntas en la habitación de Danny Ferrington en mi casa de Rockingham Drive. La mamá de Danny hizo la colcha de guitarra de la cama de Danny. *Danny Ferrington*

CORRIENDO CON JERRY en la playa en Malibú en medio de las tormentas que destruyeron parte de mi casa en 1978.

YO, DOLLY Y EMMYLOU columpiándonos en el porche trasero de la casa de Dolly en Tennessee.

Fotografía de fondo: Jim Shea

ENAMORÁNDOME de la rana Kermit.

KENNY EDWARDS, YO Y DANNY FERRINGTON sosteniendo la guitarra que Danny hizo para Kenny.

CON JOHN DAVID SOUTHER durante la gira California Live en Japón en 1981.

CON MI PADRE, detrás del escenario en el Encuentro del Mariachi de Tucson.

Plácido Domingo, yo y Joe Papp la noche de 1984 en que Plácido vino al Public Theater de Nueva York a escuchar nuestra producción de La Bohème. *Martha Swope*

DETRÁS DEL ESCENARIO con Step Sisters en la gira What's New que hice con Nelson Riddle. (De izquierda a derecha) Liza, Elizabeth, yo y Rita. *J. Roy Helland*

REX SMITH, YO Y KEVIN KLINE en *Los Piratas de Penzance* en 1980. *Martha Swope*

INTERPRETANDO A MIMI en *La Bohème* en el Public Theater de Nueva York. Gary Morris interpreta a Rodolfo. *Martha Swope*

CON NICOLETTE LARSON, tratando de colocar su nuevo sencillo en la radio.

CON MI AMIGO de muchos años y colaborador John Boylan en Egipto en 1983.

DURANTE los ensayos para *La Bohème*.

CON KOSH, el director de arte, durante la sesión fotográfica para la portada del álbum *Cry Like a Rainstorm, Howl Like the Wind.* Kosh diseñó veinte álbumes para mí, de los cuales tres lo hicieron acreedor a Grammys al mejor diseño de portada. *Robert Blakeman*

ALISTÁNDONOS PARA INTERPETAR un espectáculo mexicano mientras cabalgamos "a la amazona" en Chulo, un caballo que acababa de conocer. *Danny Ferrington*

EL ESTUDIO MUSCLE SHOALS, con John Boylan produciendo.

pero el proceso de separar las armonías más difíciles recaía por lo general en mí. Ensayábamos cantando las canciones en todas las configuraciones vocales posibles, alternando para entonar armonías altas o bajas y ver quién sería la voz líder, y luego escogíamos lo que sonara mejor para esa canción en particular. También podíamos hacer dúos con éxito en cualquier combinación: Emmy y yo, Dolly y yo, o Dolly y Emmy. Mi enfoque preferido, que utilizamos en "My Dear Companion", era que Emmy iniciara como voz cantante, yo me unía a ella con una armonía por debajo, y luego Dolly cantaba más alto, bajando y planeando como una hermosa cometa. Me di cuenta de que yo podía cantar con ellas de una forma que no podía hacerlo sola. Rara vez me siento feliz luego de escuchar mis grabaciones, porque percibo cosas susceptibles de mejorar, pero el sonido de nosotras tres parecía totalmente diferente de nuestros sonidos individuales, y yo podía escucharlo con un raro sentido de objetividad.

Transcurría el año de 1987 cuando solucionamos la logística para sincronizar tres carreras ocupadas y lanzamos el disco *Trío*. Nuestro anterior intento para hacer un disco en los años setenta, cuando empezamos a cantar juntas, fue decepcionante y nunca salió al mercado. Sin embargo, las tres escogimos nuestras canciones favoritas de esas sesiones y las incorporamos a nuestros proyectos individuales. Lo cierto es que teníamos muchos deseos de sacar un álbum cantado a trío. Dolly tuvo un tiempo libre, Emmy y yo firmamos con sellos discográficos que pertenecían al conglomerado de la Warner Bros., así que parecía el momento ideal para resucitar la idea. Decidimos contratar a George Massenburg como productor, pues había mostrado una sensibilidad extraordinaria en la grabación de instrumentos acústicos cuando trabajaba con John Starling y los Seldom Scene. Asimismo, llamamos a Starling de inmediato y le pedimos que tocara la guitarra. Emmy y yo teníamos una gran confianza en la sensibilidad musical de John, y también le pedimos que nos ayudara a definir nuestra visión acerca del sonido que debía tener el trío.

Como de costumbre, Emmylou llegó con una gran cantidad de hermosas canciones. Eran básicamente de estilo tradicional, pero también incluían elecciones improbables como "To Know Him Is to Love Him", un clásico de 1958 de los Teddy Bears escrito por Phil Spector. Lo grabamos con una banda conformada por varios instrumentistas acústicos virtuosos de orquesta de cuerdas con los que Emmy y yo habíamos trabajado mucho tiempo, y a quienes admirábamos. Entre ellos estaban Mark O'Connor en la mandolina, y el guitarrista Ry Cooder tocando un sonido eléctrico seductivamente indolente y sonámbulo que solo él puede sacarle a su instrumento. También teníamos al guitarrista británico Albert Lee y a mi primo David Lindley. Kenny Edwards, mi antiguo compañero en los Stone Poneys, tocó un bajo acústico Ferrington. Con la voz cantante expansiva y angelical de Emmy, "To Know Him Is to Love Him" fue número uno en las listas de música country. Emmy también sugirió la balada triste y fulminante de Linda Thompson "Telling Me Lies", la cual también tuvo mucho éxito, y ambas canciones ganaron premios.

Dolly, Emmy y yo nos divertimos mucho grabando juntas, y nos las arreglamos incluso para hacer algunas apariciones en televisión y sacar otro álbum, a pesar de que las tres estábamos completamente ocupadas. Nos fue imposible encontrar el tiempo para salir de gira, así que nos sentimos afortunadas de tener una experiencia tan satisfactoria en términos musicales, y nos olvidamos del resto.

En 1987, cuando artistas como los Beastie Boys y Bon Jovi encabezaban las listas, era fácil entender por qué las empresas discográficas se devanaban los sesos tratando de averiguar cómo vender una mezcla tan ecléctica. Dolly ya no estaba con su antiguo sello RCA Records, así que el mío, Elektra/Asylum —y Warner Bros., el de Emmy— tendrían que averiguar cuál de ellos sacaría el disco. Sospecho que las negociaciones se parecían más al juego de la papa caliente que a una competencia determinada por un producto deseado. Finalmente se decidió que como Warner tenía una división de música country, sacaría el disco y lanzaría una campaña publicitaria dirigida al mercado de ese género musical.

Para complicar aún más las cosas, los "genios" de la comercialización corporativa de los sellos de música country habían comenzado a utilizar grupos de enfoque para probar sus productos antes de desarrollarlos o de sacarlos al mercado. Por ejemplo, le preguntaban al grupo de enfoque si les gustaban las canciones tristes o las canciones alegres. "¡Nos gustan las canciones alegres!", respondía el grupo de enfoque, y los escritores y productores recibían instrucciones para componer canciones "alegres" con el fin de grabarlas. Esto era especialmente difícil para los compositores, quienes rara vez sienten la necesidad de escribir cuando están felices, pues se encuentran ocupados disfrutando del placer de la felicidad. Pero cuando algo malo sucede, quieren encontrar una manera de que eso trascienda y escriben una canción. Cuando Hank Williams, uno de los artistas más grandes y de mayor éxito del país de todos los tiempos en la música country, escribió una canción como "Your Cheatin' Heart" o "I'm So Lonely I Could Cry", no estaba escribiendo "canciones alegres", aunque los oyentes se sintieran mejor al escucharlas. El oyente puede sentir que alguien ha tenido una experiencia similar a la suya, y que se ha tomado la molestia y el esfuerzo de escribirla con precisión y compartir esa experiencia como puede hacerlo un amigo compasivo. De esta manera, una canción como "I'm So Lonely I Could Cry" podía hacer que el oyente se sintiera mejor, o "alegre". Nuestro disco, con canciones como la tradicional "Rosewood Casket", que contaba la historia de la última petición realizada por una hermana moribunda y con el corazón destrozado, no cumplía con los requisitos del grupo de enfoque.

Jim Ed Norman, que había sido el tecladista de Shiloh, la banda de Don Henley antes de los Eagles, había sido nombrado recientemente como director de música country de Warner Bros. Records en Nashville. Sospecho que tenía tan poca paciencia con la aproximación a la comercialización musical de los grupos de enfoque como nosotros. Parecía feliz de que el proyecto hubiera caído en sus manos e hizo todo lo posible para promoverlo.

Cuando *Trio* fue lanzado, llegó al número uno en las listas country, donde permaneció cinco semanas. Llegó al Top Ten en la lista de álbumes pop y ganó un Grammy y un premio de la Academia de Música Country. Obtuvo cuatro éxitos en el género country, incluyendo el número uno "To Know Him Is to Love Him". Menos de un año después, fue disco de platino certificado.

En el invierno de 1979, la Costa Oeste fue azotada por una tormenta implacable tras otra. La Carretera de la Costa del Pacífico se derrumbó tras los fuertes deslizamientos de tierra, y a veces pasaba varias semanas sin poder salir de mi casa. Sin embargo, podía tomar un largo desvío por el cañón de Las Vírgenes, sitio que también era vulnerable a los deslizamientos de tierra. Esta situación se prolongó por tres meses, mientras que el Departamento de Transporte de California trataba de reparar una carretera que, debido a la inestabilidad geológica del lugar, nunca debió ser construida allí.

Mientras permanecía atrapada en Malibu, yo veía que las olas altas envolvían la arena de la playa frente a mi casa, que no tenía unas bases sólidas. La mayoría de las casas de Malibu Colony tienen una sala acristalada, llamada salón de té, que está unida a la casa y es más cercana a la playa. Una noche, las olas fueron tan altas que barrieron con el último vestigio de arena que había debajo de mi salón de té, el cual quedó separado de la casa principal; los cojines del sofá se agitaron en el agua como si estuvieran en una lavadora gigante. Comprendí que yo había infringido la primera regla del desierto: nunca comprar una casa en una llanura sujeta a inundaciones.

Yo era novia del entonces gobernador Jerry Brown, quien vino a ver los daños. Los periódicos habían comenzado a especular sobre si el gobernador iba gastar dinero del estado para proteger la casa de su novia. Precisamente debido a esta especulación, Jerry decidió no hacerlo, así que cargué mis muebles y pertenencias en un camión de mudanzas y los envié a una bodega de almacenamiento, pues sabía que mi casa colapsaría seguramente con las próximas olas. Mientras tanto, los residentes de Malibu se habían enterado de que Jerry no iba a gastar dinero para proteger el sector de Colony simplemente porque yo vivía allí, y sintieron que estaban recibiendo un trato injusto. Después de todo, *ellos* no eran su novia. Yo creía que pronto aparecerían personas con antorchas y horcas, pidiendo la cabeza del gobernador. El pobre Jerry estaba siendo acorralado en una situación que no había causado y a la que no podía ofrecer una solución permanente.

Finalmente, después de hablar largamente con los residentes, la Guardia Nacional colocó sacos de arena, y las casas no sufrieron daños adicionales. Decidí buscar una casa en la ciudad, lejos de la amenaza frecuente de las olas. Me marché de Malibu creyendo que la Comisión Costera de California actuaba correctamente al insistir en que no se construyera más en la playa, pues las casas eran muy vulnerables y el desarrollo urbano podía alterar la distribución natural de la arena, resultando precisamente en la situación que yo acababa de vivir. También creo que la playa no debería ser de propiedad privada, y que el público no debería tener restricciones para acceder a ella.

Encontré una linda casa en Rockingham Drive, en Brentwood, diseñada por el arquitecto Paul Williams, cuyo trabajo he admirado desde hace mucho tiempo. Tenía un tejado de pizarra azul, varias habitaciones para invitados, y un lindo jardín para mis dos perros Akita. La carrera de Adam como compositor había comenzado a tomar fuerza y se había trasladado a Santa Monica. Nicolette se mudó conmigo a la casa de Rockingham, al igual que nuestro amigo Danny Ferrington, un *luthier* de la zona rural de Luisiana que elaboraba hermosas guitarras completamente a mano. Las hacía a solicitud de varios músicos, quienes le pedían guitarras con las que siempre habían soñado. Entre ellos estaban Johnny Cash, Keith Richards, George Harrison, Eric Clapton, Richard Thompson y Ry Cooder, para nombrar unos pocos. Él las personalizaba incorporando las sugerencias de los músicos, incluyendo sus necesidades visuales y musicales. Las guitarras tenían un sonido maravilloso, con la acústica adaptada al estilo de cada músico, cuya técnica y sonido Danny conocía en detalle íntimo. La brillantez de Danny reside en el hecho de que puede hacer que la más salvaje fantasía decorativa de un músico se vea de buen gusto. Hizo una pequeña guitarra para que yo la tocara en el autobús mientras estaba de gira. Elaborada con palo de rosa, ébano, abeto, oreja de mar y madre-deperla, tenía un cuello de anchura normal y un cuerpo pequeño, de modo que cabía en espacios reducidos. La pieza terminada era elegante, y le insistí en que los elementos de diseño incluyeran conejos y pájaros piando. Para gustos, colores.

12

Sintiéndome inquieta

Pruebas de sonido en Londres. Dan
Dugmore toca la guitarra.

MI VIDA HABÍA CAÍDO en una rutina bastante predecible. Hacía un álbum por año, algo que hacía en pocos meses, y el resto del tiempo estaba de gira por todo el país, haciendo una sola presentación en cada ciudad. Mis discos se vendían tan bien que en vez de tocar en espacios íntimos como el Troubadour, daba conciertos en estadios de hockey y pabellones al aire libre con grandes audiencias. El sonido de esos lugares enormes era como estar en un inodoro con la tapa cerrada. Había un eco retrasado y desagradable que rebotaba en las paredes y zumbaba en las vigas, y juraría que podía oír el solo de guitarra de la banda que había tocado la semana anterior. Esos lugares estaban llenos de un sonido zombie que simplemente se negaba a morir, y que se hacía más apagado con el tiempo. Como si fuera poco, la multitud iba y venía de un lado para el otro, compartiendo un cigarrillo de marihuana, esperando un perro caliente o una cerveza fría en los puestos de venta de las tribunas altas.

Sin embargo, me sentía encantada y muy agradecida de que mis discos se estuvieran vendiendo, y de que la gente llenara aquellos escenarios con un sonido tan horrible para oírme cantar, pero no podía dejar de sentir que, de alguna manera, tanto el público como los artistas estaban recibiendo un trato injusto. El público recibía una mezcla de sonido tan distorsionada por la acústica de la edificación, que cualquier pasaje delicado o sutil se perdía. Esto tuvo un efecto letal en nuestra forma de hacer música. Como los miembros del público solo podían oír los estruendosos solos de guitarra con arcos altos y el ritmo cavernoso de fondo, y como no querían permanecer inmóviles ante cualquier cosa que no hubieran escuchado en uno de mis discos, comenzamos a adaptar nuestras grabaciones, conscientemente o no, para el sonido de los grandes escenarios. Esto significaba que teníamos que interpretar todo el material realmente bien elaborado y delicado, como "Heart Like a Wheel" o "Hasten Down the Wind", en medio de una música que pudiera sobrevivir a la acústica de estos escenarios.

Me aferré tercamente a esas canciones y las camuflé en las grabaciones como si fueran píldoras escondidas en hamburguesas. Yo sabía que las baladas melódicas eran las más adecuadas para mi voz. Esto me permitiría extraer una vena emocional mucho más rica que de lo que yo llamaba una "canción de notas cortas". Con esto, me refería a una especie de canción con ritmo rápido que puede escribir una banda de rock para que encaje con un riff pegajoso hasta que el guitarrista principal toque su "Gran Solo". Este tipo de enfoque produjo alguna música excelente por parte de bandas como Cream y los Rolling Stones, pero incluso los músicos de esas bandas se quejaban con frecuencia de que extrañaban el calor musical de los días de los clubes y añoraban poder tocar en lugares más afines en términos musicales. Aquellos escenarios retumbantes despojaron al rock and roll de todas sus sutilezas, y luego procedieron a jugar a la partera del nacimiento del heavy metal.

Puesto que siempre hay músicos talentosos en estas categorías emergentes sin importar lo ásperas que puedan ser para los oídos más tradicionales, no me sorprendió cuando Metallica, la banda de heavy metal, logró un estilo que era enorme y orquestal en sus texturas de guitarra, demostrando ser perfectamente capaz de producir hermosas melodías con armonías inusuales, finamente construidas. Mi hijo era un fiel seguidor del heavy metal a los doce años, y una vez, mientras yo lo escuchaba descomponer una canción de Metallica y luego reconstruirla en su guitarra, le dije que aunque las texturas de guitarra de Metallica tenían el tamaño de un estadio, parecían sacadas de una orquesta sinfónica. Él me lanzó una mirada fulminante de desprecio adolescente. El tiempo me dio la razón cuando Metallica sacó un álbum con la Orquesta Sinfónica de San Francisco, dirigida por Michael Tilson Thomas. Todo esto es un largo camino para demostrar que los músicos buscan un entorno acústico adecuado, así como una planta lo hace para buscar la luz, y yo no era la excepción a esto.

Otra cosa que me dio tristeza al dejar de tocar en los clubes para hacerlo en grandes escenarios, era el hecho de que los artistas no tenían la misma oportunidad de verse tocar unos a otros como en la época en que la escena de la música folk rock se centraba en el Troubadour de Los Ángeles o en el Bitter End de Nueva York. El espacio del Troubadour era limitado y los baños estaban lejos del escenario. Esto implicaba que todas las personas que estaban en el bar tenían que atravesar el escenario para ir a los baños. Incluso si eras una joven promesa musical que solo quería pasar el rato en el bar, pero no tenías dinero para pagar el precio de la entrada al concierto, podías ver y oír lo que sucedía en el escenario cada vez que ibas al baño. Si habías sido contratado para tocar en el Troubadour por su propietario Doug Weston, tenías la entrada gratuita al concierto, y cuando tocaba alguien interesante, nos apretujábamos una noche tras otra en la escalera y en el balcón para ver a nuestros músicos favoritos. Recuerdo haber visto a artistas como Joni Mitchell, James Taylor, Flying Burrito Brothers, George Carlin y Steve Martin tocar cada noche durante dos semanas, haciendo dos presentaciones por noche, y tres los viernes y los sábados. De esta manera, los artistas podían ver un espectro más amplio del talento de otro artista, y el resultado afortunado fue una vigorosa polinización cruzada de estilos musicales.

Ver las presentaciones de otros artistas en los grandes escenarios era algo que no se daba con tanta naturalidad. Los boletos eran mucho más caros, los artistas novatos se quedaban por fuera, y no había un lugar para pasar el rato y mezclarse socialmente como sucedía en el bar del Troubadour, a menos que uno tuviera el acceso raro y privilegiado a los camerinos. Adicionalmente, los estacionamientos eran una verdadera molestia. Y luego estaba el pésimo sonido, por lo que no podíamos escuchar y analizar la música tal como lo hacíamos en los escenarios más pequeños. En resumen, se hizo menos probable que los artistas influyeran y se inspiraran entre sí como lo habían hecho antes.

Sentí un poco de estancamiento, y las giras implacables y la repetición interminable de las mismas canciones una y otra vez me produjeron la percepción escalofriante de que mi música había empezado a sonar igual que mi lavadora.

Una gira promocional que hicimos por Gran Bretaña, Alemania, y Francia a finales de los años setenta nos devolvió de nuevo a la realidad olvidada de lo que era tocar en salas de conciertos más pequeñas y especializadas. Yo no era muy conocida en Europa, así que tocamos en teatros de tamaño mediano, con escenarios de proscenio y muchos querubines gorditos en bajorrelieve alrededor de la paredes. Los querubines y otros elementos decorativos, además de deleitar mi sensibilidad victoriana, suavizaban las superficies paralelas de las paredes del teatro y endulzaban el sonido. Por último, el sueño que tanto había acariciado en mi infancia se materializó: yo estaba cantando en un escenario real, en un teatro real con cortinas. Me sentí muy inspirada.

Sin embargo, la inspiración duró poco. Pronto nos encontramos de nuevo en los EE.UU., realizando el mismo circuito de siempre y en los mismos escenarios aburridos. Añádase a esto la soledad punzante de una vida perpetuamente en movimiento, sin tener tiempo suficiente para entablar relaciones duraderas en ningún lugar. Estaba empezando a sentirme miserable. Y atrapada.

Una noche tocamos en Atlanta. Habíamos pasado la tarde visitando las pequeñas tiendas situadas en lo que se llama el Atlanta Subterráneo, los restos carbonizados de la ciudad antes de la Guerra Civil que fueron excavados recientemente. Los ojos grandes, difusos, negros y con aros estaban de moda, y encontré lo que parecía una forma particularmente exótica de lograr este efecto en una de las tiendas. Era un cosmético antiguo llamado kohl—nuevo para mí—una especie de tierra mineral negra y en polvo fino, procedente de la India. Había otro azul, que tampoco conocía, y pensé que si no podía cambiar mi vida tan fácilmente, por lo menos podría cambiar el maquillaje de mis ojos, así que también lo compré. Venía en un pequeña vasija de barro, con un palito afilado y atornillado a la tapa a manera de aplicador.

Estaba ansiosa por probarlo, así que fui inmediatamente al vestuario del lugar donde estábamos tocando (un estadio) y comencé a aplicármelo alrededor de los ojos. El aplicador y el polvo eran nuevos para mí, y me maquillé con torpeza; me salpiqué accidentalmente mis mejillas con lo que parecía ser sarampión azul. Me limpié las manchas y me pregunté qué hacer en los cuarenta y cinco minutos que faltaban para salir al escenario. Yo había terminado de leer el libro que tenía en mi bolso y fruncí el ceño mientras miraba el piso de concreto, añorando los teatros europeos con querubines y no tener que viajar toda la noche en un autobús después de un concierto, cuando alguien llamó a la puerta y mi mal humor desapareció. Era un guardia de seguridad, quien me entregó un libro que alguien me había enviado con una nota, diciendo que esperaba que me gustara. "¡Bien!", pensé. "Ya no me aburriré".

Miré la cubierta: *El vagabundo*, de Colette. "Nunca he oído hablar de este libro", pensé. Tampoco había oído hablar de Colette; era solo un nombre para mí, al igual que Cher.

Abrí el libro y empecé a leerlo. La historia se desarrollaba en Francia, en 1910. ¡La Belle Époque, mi época preferida! Hay una mujer como de mi edad que se presenta en teatros de variedades y que está en su camerino, detrás del escenario. Se está aplicando círculos azules de maquillaje alrededor de los ojos, y se ha manchado las mejillas. ¿También utilizaba color azul? Ella también utilizaba kohl. ¡Kohl! ¡Yo, que solo me había enterado de esa sustancia esa misma tarde!

¿Qué más? Se siente un poco aburrida. Ha terminado de leer

un libro. Está esperando subir al escenario y cumplir con su presentación. Ha perdido la inspiración para continuar su carrera como "una mujer de letras" y está tratando de establecerse como "una mujer del escenario". Las cosas no van tan bien como ella quisiera, y la mujer sabe que está "próxima a sufrir un ataque de melancolía". Está pensando en su perro y en su novio torpe al que extraña un poco. Alguien llama a la puerta...

Tengo un perro Akita al que quiero y un novio torpe en algún lugar. Siento que estoy "próxima a sufrir un ataque de melancolía". ¡Podía identificarme con eso! Terminé el libro esa noche durante el largo viaje en autobús. Empecé a reflexionar: ¿Cómo puedo trabajar en un ambiente más teatral, en teatros más pequeños, y no en un lugar diferente cada noche?

13

Conociendo a Joe Papp

Tras bastidores con Joe Papp
en el New York Public Theater
durante La Bohème.

COGI EL TELÉFONO Y llamé a mi amigo John Rockwell para que-
jarme de mi situación. John llevaba más de treinta años como
crítico musical de *The New York Times* y es uno de los pocos comen-
taristas que pueden escribir con la misma autoridad sobre música
clásica y música pop contemporánea. Nos conocimos en 1973,
cuando fue a entrevistarme a mi apartamento en Beachwood. Vio
que yo tenía un libro en mi biblioteca, titulado *Antes del diluvio: Un*
retrato de Berlín en los años 20, de Otto Friedrich. (Le presté el libro
a Jackson Browne, que escribió una buena canción con el mismo
título. Esto se hace con frecuencia y es completamente legítimo. *La*
Luna es una amante cruel, el título de una novela de ciencia ficción
escrita por Robert Heinlein en 1966, se me viene de inmediato a
la mente. Al gran compositor Jimmy Webb le encantó ese título

y lo tomó para una canción que canté en mi álbum *Get Closer*). *Antes del diluvio* trataba acerca de la República de Weimar en Alemania, mientras Hitler llegaba al poder. El libro presentaba todas las oportunidades desperdiciadas que pudieron haber detenido a ese personaje. Yo me había sentido fascinada con la tragedia de esa época, así como con el glamour de Berlín antes de la guerra, la innovación arquitectónica, la pérdida de la importancia de las novias vírgenes (sin dote en una economía en crisis), los estilos de ropa donde los sexos se mezclaban, los peinados y maquillajes, y la música maravillosa (Kurt Weill, los Comedian Harmonists). David Bowie estaba empezando a experimentar con una exótica imagen tras otra, y en los años setenta, su mirada parecía inquietantemente similar a esa época anterior. Me pregunté entonces si nos estábamos dirigiendo a nuestra pequeña versión de la República de Weimar aquí en los Estados Unidos, a juzgar por la dura realidad del fascismo y del imperialismo agresivo.

Rockwell pasó su infancia en Alemania y obtuvo su doctorado en historia cultural alemana con una tesis sobre la República de Weimar. Tiene una gran cantidad de información, y nos hicimos muy amigos. Cuando me quejé amargamente sobre mi paralizado estado de ánimo y la necesidad de que aparecieran ángeles en la arquitectura de mi entorno laboral, me dijo que la próxima vez que yo fuera a Nueva York, le gustaría presentarme a un tipo llamado Joe Papp. "¿Quién es Joe Papp?", le pregunté. Joe Papp, señaló Rockwell, era un dramaturgo brillante que había revolucionado la interpretación de Shakespeare al hacerlo accesible través de las fronteras culturales, económicas y sociales, utilizando la diversidad racial y presentando gratuitamente sus obras en el Teatro Delacorte del Central Park. Tampoco tenía objeciones en trabajar con personas de otras áreas del mundo del espectáculo. Tal vez tuviera algunas ideas acerca de qué hacer conmigo.

La próxima vez que fui a Nueva York, Rockwell encontró un espacio en su apretada agenda, que coincidía con un espacio en la agenda
aún más ocupada de Joe Papp. Fuimos en taxi al Teatro Público
de Nueva York, situado en el Bajo Manhattan. Yo no sabía mucho
acerca de Papp, y no tenía idea de que él había ayudado a lanzar un
asombroso número de fabulosas carreras, incluyendo las de George
C. Scott, Meryl Streep, James Earl Jones, Martin Sheen y Wallace
Shawn, y producido obras como *Hair* y *A Chorus Line*.

Joe Papp era brillante y convincente. No digo esto a la li-
gera, pues yo podía contar con una mano el número de hombres
que había conocido que tuvieran su magnetismo y capacidades.
Además, tenía una inteligencia reflexiva y curiosa, y una información ilimitada, que podía tener el mismo efecto de un tigre
salvaje atado a una correa deshilachada. Escuchó muy cortésmente mi delirio lunático sobre Colette y mis deseos de cantar en
un escenario con cortinas y, a continuación, pasó el resto del día
reuniéndose con una larga fila de personas de una capacidad e
importancia infinitamente más grandes que las mías. Dudo que
hubiera pensado dos veces en nuestro encuentro.

En 1979, la ciudad redujo el presupuesto destinado a las
obras de Shakespeare dirigidas por Papp en el Central Park.
Papp se sintió disgustado, pues había recibido financiación desde
1962, y decidió no hacer obras de Shakespeare ese verano. En
su lugar, montaría la opereta *The Mikado*, de Gilbert y Sullivan.
Le pidió al aclamado director y dramaturgo Wilford Leach que
la dirigiera, pero a Leach no le gustaba Gilbert y Sullivan, y dijo
que no creía que quisiera hacerlo. Pero Papp estaba muy entusiasmado con la idea, así que Leach fue a una tienda a comprar
el disco de *The Mikado* y, por alguna razón, cuando llegó a casa
descubrió que había comprado una copia de *Los Piratas de Pen-*

zance. A Leach le gustó la banda sonora, pero le parecía que la forma tradicional de interpretarla era demasiado rígida y quería abordarla como si se tratara de una obra nueva. Como Gilbert y Sullivan eran la música popular de su tiempo, Leach decidió trabajar con cantantes contemporáneos de música pop.

A Leach le gustaba ver el programa *Today* cuando se despertaba en la mañana. Casualmente, John Rockwell hablaba de música una vez al mes en este programa. Y mientras Leach trabajaba en el reparto de los *Piratas*, vio a Rockwell hablando de mí en *Today*.

A Leach le gustaba mi voz y decidió que yo era la persona que quería para interpretar el papel de Mabel, la soprano ingenua. Fue a la oficina de Papp para contarle su idea, y Papp le dijo: "La conocí; quiere trabajar aquí". Entonces le pidió a su asistente que me llamara a Malibu.

Yo me estaba duchando en el segundo piso cuando el teléfono sonó. Jerry Brown estaba al lado del teléfono y respondió la llamada. Jerry había visto *H.M.S. Pinafore* cuando estaba en la escuela, y era todo lo que recordaba de Gilbert y Sullivan, así que cuando bajé, me dijo que alguien llamado Joe Papp había llamado y quería que yo cantara en *Pinafore*. ¡Me sentí muy feliz! Mi hermana había cantado el papel de Buttercup hacía mucho tiempo, cuando yo tenía seis años, y me había aprendido la parte de soprano de Josephine en el libro de Gilbert y Sullivan que había en el piano de mi casa; me encantaban sus canciones. Comencé a cantar "Refrain Audacious Tar" y luego la balada algo desconsolada "Sorry Her Lot". ¡Era mi favorita, y no podía creer que tendría la oportunidad de cantarla!

Llamé a Joe Papp de inmediato y le dije que me fascinaría cantar *Pinafore*. Me decepcioné un poco cuando dijo que era *Piratas*, pues no me sabía las canciones de esa obra, y no estaba segura de que me gustaran tanto. Él me aseguró que los *Piratas* tenían una gran cantidad de canciones maravillosas para Mabel, y que si yo quería el papel, era mío. Insistí en viajar a Nueva York y hacer una audición para ellos, ya que quería estar segura de que Joe y el director se sintieran satisfechos con mi forma de cantar. No quería sorpresas desagradables.

Durante el vuelo a Nueva York, me sentí inquieta por mi apariencia. Me estaba dejando crecer el pelo, que había llevado realmente corto en la carátula de *Mad Love*, mi disco más reciente, y la parte de atrás de mi cabello tenía grandes manchas de ciclamen rosado. Era el comienzo de los años ochenta, y estábamos empezando a experimentar con colores de pelo excéntricos y poco naturales que recuerdo haber visto inicialmente en su esplendor más clarividente en *La naranja mecánica*, de Stanley Kubrick. Cometí el error de combinar los colores con una permanente para que mi pelo lacio quedara rizado como el de Nicolette, y mi cabello simplemente se rompió. Los trozos fibrosos que quedaron me hacían parecer como un pollo con cresta. Los corté con mis tijeras de costura, causando un desastre que mi peluquero no pudo reparar.

Muchas amigas actrices me habían dicho que cuando se sentían listas para interpretar un papel, se vestían como el personaje que iban a representar. *Los piratas de Penzance* transcurría en la época victoriana, así que saqué ropa antigua y unos vestidos victorianos, ligeros y de encajes de mi armario. Sin embargo, era principios de primavera y aún hacía mucho frío en Nueva York para usarlos, de modo que llegué a una de las salas de ensayo del Teatro Público con botas y pantalones vaqueros, suéter, y el pelo rosado. Mi aspecto no era precisamente victoriano. Joe Papp estaba allí y me presentó a Wilford Leach y al director musical Bill Elliott. Me cayeron bien de inmediato, y mi percepción no ha cambiado hasta ahora.

Yo no había visto el guión ni escuchado la grabación de los *Piratas*, pero me aconsejaron que no era necesario hacerlo hasta que se decidiera si iban a interpretar los temas en las claves originales, o si las iban a cambiar para adaptarlas a los cantantes de pop. No me gustaba la idea de cambiar las claves, ya que esto puede enturbiar el sonido de la orquesta, por decir lo menos, pero decidí guardar silencio. Comenzamos con el piano, y le pedí a Bill que me mostrara las notas más altas escritas para Mabel en la partitura. Él tocó un Re por encima de un Do alto. Yo cantaba en Do alto en los conciertos con mi banda, así que no creo que el Re—una nota arriba de la escala—fuera un problema. Terminé cantando "Poor Wandering One" en dos claves: la original, y otra con un tono más bajo para darle un sabor más contemporáneo a la interpretación. Yo tenía una voz realmente alta, con una extensión superior que nunca tuve la oportunidad de usar en el rock ni en el country, excepto en algunas pequeñas florituras y adornos, así que no era tan fuerte como el registro con el que había cantado a todo pulmón "Heat Wave" y "Blue Bayou" todos esos años. Esto habría de causarme ciertos problemas, pero no lo sabía todavía. Además, Bill me escribió una cadenza (un breve pasaje ornamental para una solista) que yo debía cantar en el primer acto y también al final del espectáculo, el cual subía a un nivel muy alto en mi bemol en una octava casi imposible, como lo hace Violeta en *La Traviata*. Con ocho espectáculos por semana, serían dieciséis Mi bemol -algo que a la frágil y tísica Violeta nunca se le ocurriría intentar en la ópera real. Pero yo tampoco sabía eso.

Volví a casa y empaqué mi maleta para ir a Londres. Me habían invitado a presentarme en el programa de televisión *The Muppet Show* y decidí invitar a mis padres, pensando que podían disfrutar de Londres mientras yo ensayaba con Kermit, Miss Piggy y el resto de los efervescentes personajes de los Muppets.

Yo tenía la banda sonora de los *Piratas* empacada entre las pijamas y la ropa victoriana que pensaba utilizar en el programa. También había grabado el disco de vinilo en una cinta de casete que tenía en mi nuevo Sony Walkman rosado, que en aquella época era lo último en sonido portátil.

Nos alojamos en el Hotel Savoy, que casualmente está al lado del Teatro Savoy, donde el elenco de D'Oyly Carte interpretó las veneradas operetas de Gilbert y Sullivan en la época de la Reina Victoria. Siempre me ha gustado ese hotel por su estilo victoriano, remodelado en los años treinta con estilo Art Deco. Las suites donde nos hospedamos tenían techos altos, hermosas esculturas, chimeneas de carbón, y botones que podías presionar para llamar al camarero. Él aparecía en cualquier momento del día o la noche, tomaba el pedido, y regresaba de inmediato acompañado de un carrito con ollas humeantes de té recién preparado, pequeños sándwiches y *scones* calientes con nata y mermelada. Había otro botón al lado de la bañera agradable y profunda, para llamar a la mucama en caso de que tuvieras dificultades para alcanzar el jabón. Nunca utilicé ese botón, pero me encantaba enjabonarme hasta el cuello y sumergirme en el agua caliente, mientras contemplaba la antigua decoración de las puertas curvas, la parafernalia de los años treinta, y los lavamanos de pie, de los que hice imitaciones para una casa que remodelé varios años después en San Francisco. Nuestras habitaciones tenían una vista amplia del río Támesis, y una noche después de mi primer ensayo con los Muppets, saqué la grabación de mi maleta y me puse los auriculares del Walkman. Mientras escuchaba el hermoso dúo "Ah, Leave Me Not to Pine", veía la torre del Big Ben serenamente a la luz de la luna. Era la primera vez que escuchaba esa música en el mismo lugar donde había sido creada.

Fue sumamente divertido trabajar con Jim Henson y Frank Oz, los creadores originales de los Muppets. La primera vez que los vi trabajar fue en los Grammys de 1979. Yo había llegado cuando los Muppets estaban ensayando, así que tuve la oportunidad de observarlos desde atrás y ver las posturas de contorsionista que Henson y Oz tenían que hacer para que las marionetas se desplazaran hacia las cámaras. Ellos podían ver las marionetas desde la perspectiva de la cámara en sus pequeños monitores de video. Me sentí completamente fascinada e impresionada por su destreza artística, y desde entonces siempre me han gustado todas las marionetas.

Me sentía emocionada de trabajar con ellos y se me ocurrió que sería bueno tener un romance con Kermit. Sugerí una canción, "I've Got a Crush on You", de Gershwin, que pudiera cantar de una manera confesional, y luego una canción de rock-and-roll, "The Shoop Shoop Song (It's in His Kiss)", después de que él me besara. (Me advirtieron enfáticamente no permitir que mi labial tocara sus labios verdes de fieltro, pues se los mancharía, y tendrían que hacer un nuevo cuerpo). Como Kermit ya se había comprometido seriamente con Miss Piggy, nuestra relación estaba condenada al fracaso, y tuvimos que separarnos como Humphrey Bogart e Ingrid Bergman en la última escena de *Casablanca*. En una demostración de simpatía, todo el elenco de los Muppets, incluyendo a una Piggy sorprendentemente indulgente, se unió a Kermit y a mí al final de "When I Grow Too Old to Dream", un clásico de los años 30 que yo había grabado en mi álbum *Living in the USA*. A mediados de la obra, canté "Blue Bayou" con ropa victoriana y los pies descalzos, mientras un coro de ranas croaba en los nenúfares que flotaban en un pantano artificial. El escenario fue construido a semejanza del restaurante Blue Bayou de Disneylandia, que estaba a la entrada de los Piratas del Caribe. Fue sumamente divertido.

A veces me pregunto qué podría descubrir un científico como Oliver Sacks acerca de la forma en que puede compartimentalizarse el cerebro humano si hubiera visto nuestros ensayos. Durante los descansos, los titiriteros se sentaba a charlar, hablando con sus voces naturales e imitando a las marionetas que acababan de representar. A veces, las marionetas discutían entre ellas, o Miss Piggy le hacía comentarios sarcásticos a su titiritero, Frank Oz, sobre el guión que estaba escribiendo. El resultado era un caos delicioso y maravillosamente creativo, donde entrábamos y salíamos casualmente de la realidad durante varias horas, mientras nos pagaban para hacerlo.

Años más tarde, Kermit y yo nos reunimos brevemente (demasiado breve para mi gusto) para cantar a dúo "All I Have to Do Is Dream" en un disco de los Muppets. Acto seguido, él regresó a su nido de amor con la cerda, y nunca más volví a verlo.

14
Los Piratas de Penzance

Cantando en el papel de Mabel, en
Los Piratas de Penzance.

REGRESÉ DE MI EXPERIENCIA en el *Show de los Muppets* a la nueva casa que había comprado en Rockingham; tenía muy pocos muebles y comencé a hacer preparativos para mudarme a Nueva York en el verano. Había encontrado un apartamento en el Upper West Side de Manhattan y me preguntaba cómo sería la vida en el ambiente realmente urbano, densamente condensado y totalmente estimulante de Nueva York.

Peter Asher, mi manager, creyó que era una gran idea que yo participara en los *Piratas*, aunque le preocupaba —y con toda razón— que yo pudiera interrumpir mi rutina segura de un disco y varias giras al año, y que esto tuviera un efecto negativo en el impulso que había logrado darle a mi carrera.

Peter recurrió a toda la experiencia que tenía en el mundo del teatro, e hizo todo lo posible para darme un curso intensivo en etiqueta y protocolo teatral, con el objetivo de que yo no ofendiera a los demás con mi ignorancia. Aprendí que lo más importante era la puntualidad. Llegar tarde a los ensayos es una gran injusticia con el reparto y el equipo, que no disfrutan precisamente al tener que esperar a una estrella de rock ensimismada y poco profesional, algo que puede aumentar además el presupuesto de la obra, que suele ser exiguo. La falta de puntualidad crearía indudablemente un profundo resentimiento.

El primer día de ensayos, tuve la precaución de sacar un tiempo considerable para ir en taxi desde la calle Setenta y Uno del West hasta el Teatro Público, situado en Greenwich Village. La isla de Manhattan no es muy grande, y pensé que no me tardaría mucho. Sin embargo, el taxista se dio cuenta de que yo no conocía la ciudad, y tomó la ruta más larga. Llegué con quince o veinte minutos de retraso, y me sentí completamente avergonzada. Eso me valió una fuerte reprimenda de nuestro director de escena, pero nunca más volví a llegar tarde.

Justo antes de conocer a Rex Smith, que había sido escogido para interpretar el papel de Frederic, me mostraron una fotografía suya en tamaño natural y vestido con poco más que su considerable pulcritud masculina que estaba cerca de la puerta de la sala de ensayo. Sospecho que Rex se molestó mucho, pero guardó la compostura. Era tan guapo que me quejé interiormente y esperé que no tuviera una actitud de chico glamoroso. No lo hizo; estuvo ansioso y exuberante, era un poco ingenuo, muy sincero, y tenía un gran instinto. Le tomé aprecio de inmediato.

Una sala de ensayo es un espacio volátil. Por lo general, contiene poco más que el número apropiado de sillas y el talento que las personas traen consigo. Si ese talento es compatible y sinérgico y hay una idea clara, el trabajo se hace sin esfuerzo. Con mucha suerte, puede convertirse en éxtasis.

A veces, sin importar el gran cuidado con que se haya seleccionado el reparto o los músicos, o qué tan brillante sea el escritor o el director, todo puede llegar a ser menos que la suma de las partes. En este caso, el trabajo se hace profundamente dispendioso. La angustia desciende como fango cargado de plomo, y los participantes no ven la hora de que todo termine para marcharse. Es difícil exagerar lo vergonzoso y lamentable que puede ser esto, incluso cuando no hay nadie en particular a quién culpar. No soy religiosa, pero una sala de ensayo puede asemejarse a un espacio sagrado, a un lugar para la transformación. Un artista entra allí bajo su propio riesgo. Rex sabía esto. Me tomó de la mano, con sus ojos llenos de expectación y emoción mientras caminábamos hacia la sala de ensayo del Teatro Público de Joe Papp.

—Esto es como ir a la iglesia—me dijo.

Lo primero que hicimos en el ensayo después de presentarnos a nosotros mismos y a los personajes que interpretaríamos, fue sentarnos y cantar todo el espectáculo de principio a fin. Esto fue emocionante, ya que hay varias piezas corales destacadas, y pudimos escuchar cómo funcionaría el conjunto vocal, que cantaba las melodías victorianas de un modo más natural. Wilford y Bill decidieron darme otra canción, y me preguntaron si podía sugerir algo de otra obra de Gilbert y Sullivan.

—¡Sorry Her Lot!—grité—. ¡Es de *Pinafore!* La sé de memoria!

La canté para ellos; era perfecta para lo que buscaban. Me sentí feliz de poder cantar la canción que había amado desde la infancia, y no veía la hora de decírselo a mi hermana.

En los días siguientes memorizamos nuestros papeles y tuvimos la oportunidad de ver lo que había planeado la coreógrafa

Graciela Daniele. Tony Azito, quien interpretaba al agente de policía, se levantó e hizo un baile maravilloso—como si tuviera rodillas de caucho—para acompañar su lamento por los deberes policiales. Su voz aflautada tenía ecos de cabaret de Berlín, mezclada con el ascetismo de los cantos monásticos. Me quedé sin aliento.

Kevin Kline empezó a hacer un divertido número físico que había ensayado para que su personaje pareciera apuesto, atrevido, y desesperadamente confundido al mismo tiempo: era como un Errol Flynn con un toque de demencia. Puedo ver fragmentos del Rey de los Piratas de Kevin envuelto en la parodia que hace de Keith Richards el Capitán Jack Sparrow de Johnny Depp, el personaje que este último creó para la película *Piratas del Caribe*.

Rex estaba esclavizado por Kevin, así que su personaje seguía al Rey de los Piratas por el escenario como un cachorro ansioso. Esto creó una dinámica sumamente encantadora entre los dos galanes, y nunca tuvieron que competir entre sí.

El mayor-general Stanley sería interpretado por George Rose. Británico de nacimiento y un experimentado profesional del teatro a la décima potencia, George nos humilló a todos con sus canciones a la velocidad del rayo. Las había preparado a la perfección, de un modo que yo no habría creído posible incluso antes de que comenzaran los ensayos. George era realmente deslumbrante.

Patricia Routledge, otra actriz increíblemente capaz del teatro musical británico, cantó las canciones victorianas, interpretando a la Enfermera Ruth con una gran naturalidad y una habilidad impecable. Un día la oí decirle algo a Kevin, mientras ensayaban una escena donde ella es una experimentada profesional, y él la nueva estrella en ascenso. Patricia le dijo:

—Kevin, ¿qué crees que estamos tratando de hacer con esta escena?

—¿Que sea divertida?—señaló Kevin.

—No—respondió ella con tono ligeramente severo—. No necesitamos que sea divertida. Tenemos que hacer que sea clara. Si es clara, entonces será divertida.

Me pareció un consejo brillante y Kevin también estuvo de acuerdo. Traté de aplicarlo a todas mis partes cantadas. Por ejemplo, si vas a cantar una canción triste, es mejor contar la historia de manera clara y sencilla, incluso de un modo tan periodístico como sea posible. Esto tendrá un efecto más contundente en el espectador y parecerá más emotiva que una versión lacrimógena y sobreexcitada.

Por último, el coro de las atolondradas hermanas de Mabel surgió como una estrella amalgamada por derecho propio. Todas las noches hacían maravillosos fragmentos de comedia y de canto, describiendo un giro bipolar que oscilaba entre la dulzura angelical y las reprimendas estridentes.

Con un reparto tan profesional y encantador, pensé que la obra funcionaría con la misma eficacia de un reloj suizo, y siempre y cuando no me cayera en el escenario, el impulso me haría seguir adelante. Como todas mis líneas eran cantadas, no había percibido por completo que yo estaba actuando, y que mi actuación necesitaba tener un mayor contenido para que el personaje de Mabel pudiera salir a flote.

Wilford era el tipo de director que dejaba a sus actores a solas para que hicieran su trabajo, pero yo no sabía nada de actuación y me sentía a la deriva. Un día estábamos ensayando al aire libre y en pleno sol en el Teatro Delacorte de Central Park, donde pronto nos presentaríamos. La combinación de las temperaturas récord de ese verano y la humedad brutal me hicieron añorar el calor seco de Arizona. Keith David, que había estudiado actuación en Juilliard y que era una de las voces más sólidas del elenco, me preguntó qué creía que era lo predominante en la mente de Mabel.

—Un helado—respondí desesperada.

Keith se quedó pensativo. Luego me dijo:

—Mabel quiere a Frederic. No hay calor en su mundo. Solo está Frederic.

Miré a Molly, mi perra Akita, que jadeaba bajo la sombra a un lado del escenario. Molly y yo llevábamos casi una semana yendo al parque, y ella se había interesado mucho en las ardillas. Cuando veía una, adquiría una profunda concentración que saturaba y moldeaba todo su cuerpo. Le picaban las orejas, ladeaba la cabeza y se entregaba a un solo impulso. Decidí imitar su comportamiento, me transformé en una soprano canina, y así nació Mabel. Cuando Robin Boudreau, una de las coristas, me comentó un día que las mascotas y sus propietarios suelen parecerse, yo sabía que su comentario se aplicaba a mí.

Mabel tenía los pies un poco hacia adentro, mientras que yo los tengo un poco hacia afuera. El lado más calmado de Mabel debió alarmarse por mis movimientos desesperados y completamente veloces en dirección a Frederic, mientras ella trataba de darse vuelta y correr para otro lado. Una serie de extraños caprichos e impulsos comenzaron a surgir y a crecer en mí, en lo que supongo que eran mis comienzos más rudimentarios en el arte de la actuación. Eran ciertamente rudimentarios, pero me bastaron para mantenerme en el escenario todo el año que participé en la obra. Los *Piratas* se estrenó el 15 de julio de 1980, el día de mi cumpleaños.

La gente acostumbra describir las producciones de verano del teatro público en el Central Park como mágicas, y aunque pueda parecer una expresión muy gastada, es bastante precisa. El cambio de formas y el hecho de trascender los estados mundanos se asocian regularmente con el concepto de la magia, y también con el buen teatro, que es precisamente lo que logra este arte. Para mí, tenía también el elemento adicional de hacerte viajar en el tiempo. Una noche tras otra, esperaba salir al escenario con mi gorra victoriana y mi vestido blanco de verano, mientras una suave brisa mecía mi falda y la luna iluminaba el firmamento. Había un estanque grande, que era una extensión natural del mar que hacía parte del escenario. Al otro lado había una estación meteorológica ubicada en el Castillo Belvedere, una torre de observación de estilo gótico construida en 1867. Más allá de los árboles estaba la silueta intacta estilo Art Deco del Manhattan de los años treinta. A veces parecía como si el mismo Fred Astaire pudiera salir de allí con su sombrero de copa y bastón, bailando tap en la luna.

Cuando se vive en un ambiente tan atestado como el de Nueva York, las posibilidades de disfrutar del encanto nocturno de la naturaleza se limitan principalmente a los juegos de béisbol y a las excursiones a la playa de Coney Island. Un fanático del béisbol podría estar en total desacuerdo conmigo, pero creo que estas experiencias palidecerían al lado de una velada en el teatro mágico y al aire libre de Joe Papp en el Central Park.

Sin embargo, no todo era color de rosa. Nos sentíamos aterrorizados por los rayos, éramos azotados por el viento, y quedábamos empapados por la lluvia, con nuestros trajes tan mojados como papel de cocina. Luego estaban los insectos. Tragábamos varios mientras cantábamos cada noche, pero una vez, justo antes de la escena del beso que yo tenía que hacer con Rex al final del segundo acto, un enorme mosquito quedó atrapado en la capa pegajosa de mi labial. Podía sentir que luchaba para liberarse; Rex se inclinó para besarme y abrió los ojos de par en par. Tuvo que esforzarse mucho para guardar la compostura, y lo mismo me sucedió a mí. Después de nuestro beso, Rex se vio obligado a abandonar el escenario, mientras yo tuve que cantar "Sorry Her Lot" de principio a fin con una mosca debatiéndose entre la vida y la muerte en mi labio inferior.

Una noche, Papp apareció en la puerta de mi camerino con el alcalde Ed Koch. En términos retrospectivos, estoy segura de que Joe lo llevó para que viera la obra, que era muy exitosa, y también para que conociera al elenco, pues quería recibir de nuevo financiación pública para sus producciones teatrales. Yo no estaba al tanto de las intrigas políticas, pero reconocí al fotógrafo que estaba con él: era un paparazzi particularmente agresivo que se mantenía en la entrada al parque de la calle Ochenta y Dos. No se permitían autos en la zona, por lo que yo iba caminando todos los días y estaba a merced de él, mientras me lanzaba todo tipo de insultos para que yo reaccionara de una manera airada y pudiera sacarme fotos interesantes que luego vendería. Richard, mi guardaespaldas, me recordaba disimuladamente que su trabajo consistía en que yo no le tirara piedras al fotógrafo por la demanda que seguramente entablaría, así que guardé la compostura.

Pero cuando vi la expresión de suficiencia triunfal en la cara del fotógrafo mientras permanecía detrás de Papp y del alcalde Koch, tomándome fotos en bata y rulos, y con mi cara untada de crema, perdí los estribos. Soy más bien flemática por naturaleza, y no soy de mal genio. De hecho, tengo mucha paciencia. El único problema es que cuando me salgo de casillas, soy como un volcán cubierto de hielo. Mientras que el volcán emitía un flujo piroclástico de actividad frenética hacia el fotógrafo, la parte helada de mí permaneció calmada y le expliqué a Joe que ese fotógrafo llevaba un par de semanas atormentándome, que eso era completamente injusto, que iba a estrangularlo con la correa de su cámara y que luego aplastaría su maldita cámara en el suelo de concreto hasta que el rollo saliera rodando y las fotos quedaran inservibles. Creo que logré mi propósito, pues las fotos que me tomó nunca fueron publicadas. Me calmé y me dirigí a las duchas para retirarme el maquillaje y la crema, y quitarme la humedad pegajosa de aquella noche veraniega. Cuando regresé, Joe seguía de pie en el pasillo, con el alcalde un tanto aturdido, explicándole lo importante que era una actriz con temperamento.

Gracias a nuestro sorprendente éxito en el Central Park, Joe Papp comenzó a hacer planes para presentar los *Piratas* en Broadway en otoño. Me pareció una idea excelente, aunque tendría que abandonar temporalmente mi nueva casa, mis amistades y relaciones románticas. Peter Asher, que pensaba en términos más pragmáticos que yo, me recordó que también me vería obligada a interrumpir la lucrativa rutina de giras musicales que habíamos logrado hacer con tanta comodidad en los últimos años.

Había otro problema: Peter y Joe Papp no se cayeron bien desde que se conocieron. Esta situación mejoró con el tiempo, ya que ambos eran honorables y profesionales consumados, pero al principio las cosas fueron un poco extrañas. Los modales refinados de Peter hacían surgir al peleador callejero que había en Joe. Le rogué a Peter que me dejara hacer la primera ronda de negociaciones con Papp, y que él podría cerrar el trato. Esto, por supuesto, era una idea descabellada, ya que los artistas no son capaces de promoverse a sí mismos de una manera muy eficaz. Le dije que solo quería presentar la obra en Broadway, y que no estaba tratando de hacerme rica con ella. Él respondió que no quería verme empobrecida, levantó las manos y me dejó hacer las cosas a mi manera.

Pocos días después, Joe vino a mi apartamento para hablar sobre la presentación de la obra en Broadway. Trajo un cigarro y un par de discos de Spike Jones. Rex y yo llevábamos un par de horas juntos, escuchando a todo volumen a Mick Jagger cantar "Beast of Burden", del álbum *Some Girls* de los Rolling Stones. Joe impuso el orden de inmediato al poner a Spike Jones, el excéntrico líder de banda de comedia de los años cuarenta y cincuenta, y pasamos la hora siguiente revolcándonos de la risa, pues Rex también era un admirador de Spike Jones. A continuación, Joe nos fustigó con juegos de palabras durante otra media hora; era endiabladamente bueno para eso. Luego llegó el momento de ir al grano, Rex se fue a su casa, y Joe sacó su cigarro.

Le dije que estaba en negociaciones para comprar un apartamento, y tener así un lugar propio cuando presentáramos la obra en Broadway. El apartamento pertenecía a la actriz Liv Ullmann. Además de actuar en mis películas favoritas de Ingmar Bergman, Ullmann había cantado y bailado recientemente en *I Remember Mama*, una obra producida por Joe Papp, y había vivido en el apartamento durante su participación. Supuse que ella debía haber ganado lo suficiente para cubrir sus gastos. Además, aunque Liv Ullmann no era necesariamente famosa en Broadway, había tenido mucho éxito en otros campos, y me pareció que nuestras circunstancias eran similares. No me molestaré en decir lo absurda que era este tipo de lógica. Joe debió alegrarse en su interior por mi ingenuidad, pues le pedí el mismo salario que había cobrado Ullmann. Por supuesto, yo no tenía forma de saber cuánto le habían pagado a ella, y aún no lo sé. Para total sorpresa mía y de Peter, Joe me hizo una oferta generosa, que incluía algunas ventajas que yo no habría pensado en pedir nunca. Tal vez estaba sorprendido por mi falta de agresividad y no quería ser considerado como poco caballeroso mientras negociaba en condiciones desiguales. De todos modos, llegamos a un acuerdo.

El traslado a Broadway fue muy fluido. Hubo un cambio en el reparto, pues Patricia Routledge no estaba disponible para actuar en Broadway. Fue reemplazada por la veterana actriz Estelle Parsons, quien recibió excelentes críticas por su interpretación de Ruth, la niñera chiflada. El preestreno comenzó en otoño, y la obra se inauguró oficialmente el ocho de enero de 198, en el Teatro Uris, situado en la Calle Cincuenta y Uno Oeste.

Ensayamos una versión de la obra por las tardes y otra por las noches durante el preestreno. Esto era agotador, pues ensayábamos ocho funciones a la semana, y si se añadían los ensayos, era como hacer dieciséis funciones semanales. Además de los ensayos, también hicimos presentaciones en los programas *Today* y *Saturday Night Live*. Esto significaba levantarnos a las cuatro de la mañana para el programa *Today* y permanecer hasta las cuatro de la mañana para nuesta aparición en *SNL*. Ofrecimos una función matinal el día de Navidad, y el primero de enero ya estábamos completamente exhaustos. Esa tarde habíamos hecho una función de matinée, y entre una función y otra, los miembros de la banda salieron del teatro y llegaron completamente borrachos (¿quién podría culparlos?). Rex y yo, dolorosamente sobrios, tambaleábamos en el escenario debido al cansancio, con las cuerdas vocales desgarradas. Unos sonidos extraños y desconocidos emanaban del lugar donde estaba la orquesta. El trompetista, que acompañaba a Rex y a mi tierno dúo al final del primer acto, estaba mucho más borracho que los demás, o quedaba completamente expuesto. Sonaba realmente horrible, y demasiado fuerte.

La risa nerviosa es una respuesta sumamente molesta del sistema nervioso, y creo que está programada en la fisiología de algunas personas; parece ser una reacción a los nervios, a la fatiga, o a la timidez. Rara vez es una ocurrencia bienvenida para quien se ríe involuntariamente, y yo la sentía tan fuerte como unas cataratas pero sin el barril de salvación. Rex y yo empezamos a reírnos al escuchar las horribles notas de la trompeta y no pudimos controlarnos. El peor pecado que puede cometer un actor es salirse de su personaje en el escenario, ya que se rompe el hechizo con el público, haciendo que sea casi imposible recuperarlo. Esto no le hizo ninguna gracia a nuestro público, que había invertido su dinero duramente ganado para ver nuestra actuación tan poco profesional, y comenzaron a abuchearnos. Rex y yo, debatiéndonos todavía con la rabieta y con la crisis de nuestro sistema nervioso, terminamos nuestras canciones lo mejor que pudimos y salimos disparados del escenario.

Rex tenía los ojos desorbitados por el terror y la angustia, mientras yo retorcía mis manos en señal de mortificación. Wilford Leach estaba muy preocupado pero no nos gritó, aunque habría tenido razón en hacerlo. Simplemente me dijo que me pusiera el traje para el segundo acto, Rex me tomó de la mano, salí al escenario antes de que se reanudara el espectáculo y le pedí disculpas a la audiencia. Era lo mínimo que podía hacer, pero me sentí como si estuviera frente a un pelotón de fusilamiento. No sabía qué decirle a la audiencia, pero esto facilitó las cosas para el segundo acto, y terminamos la obra sin más incidentes.

Nunca había entrenado oficialmente mi voz hasta que comencé a trabajar en los *Piratas*. Las exigencias vocales de la obra eran considerables, y Marge Rivingston, conocida como "Magic Marge", quien era una excepcional maestra de canto, fue contratada para trabajar con todo el elenco. Interpretó la gallina, el psiquiatra y el capataz para todos nosotros, y parecía tener siempre el consejo adecuado, ya fuera personal o profesional, para que cada uno de nosotros tuviera éxito en la obra.

Bill Elliott hizo que el coro femenino cantara a todo pulmón las notas altas que habían sido escritas inicialmente para interpretarlas con la extensión superior de la voz, tal como lo haría una soprano de ópera. Sonaba más divertido de esta manera, y más afín con estilo pop contemporáneo que Wilford Leach había previsto para la obra. Ocho actuaciones a la semana de notas altas y a todo pulmón podrían haber creado graves problemas vocales para el coro, si no fuera por la cuidadosa orientación de Marge.

Mi problema era justamente el opuesto. Luego de gritar varios años con mi banda de rock, yo tenía una gama de gritos excesivamente desarrollados, y una extensión superior subdesarrollada. Debido a que mi hermano Peter—quien es soprano—fue mi primera influencia, mi voz alta sonaba más como la de una niña corista que la de una cantante de ópera. Rex y yo, que veníamos del rock, habíamos adquirido el desafortunado hábito de esforzarnos mucho cuando la parte vocal era difícil y, a falta de una palabra mejor, la gritábamos. Marge comenzó a trabajar para solucionar estos problemas. El mayor obstáculo al que nos enfrentamos era que los horarios de Broadway solo nos dejaban un día a la semana para descansar, y no teníamos el tiempo suficiente para recuperar nuestra voz. Yo estaba tratando de aprender una técnica de canto más saludable mientras participaba en la obra, y mis nuevos músculos parecían fortalecerse, pero no tenían tiempo suficiente para descansar. Mi voz colapsó finalmente y perdí cinco presentaciones, algo que un artista de Broadway trata de evitar a toda costa, y por varias razones: el espectáculo pierde dinero debido a las cancelaciones de boletos si la estrella no actúa ese día, la dinámica entre los actores se altera mucho cuando la artista es reemplazada por otra, y queda la sensación de que la artista ausente ha defraudado a toda la producción. Volví al escenario tan pronto pude emitir algunos sonidos. Gracias al entrenamiento de Marge, mi voz logró fortalecerse lo suficiente para cumplir con el agotador programa. Nunca falté a otra presentación.

15

Jerry Wexler y
el gran cancionero americano

En el estudio de grabación con Jerry
Wexler: escuchamos la reproducción de
nuestro intento fallido de grabar clásicos.

ME ENCANTÓ TRABAJAR EN LOS *Piratas*, y también el hecho de
no tener que viajar cada noche a una ciudad diferente, pero a
principios de la primavera de 1981 me sentí ansiosa por descubrir música nueva. Sentí que tenía que trabajar mi fraseo—
el campo de mi musicalidad que siempre me había parecido el
más débil—para ser una cantante más resistente y competente
cuando regresara a la música pop. Mi método habitual para mejorar musicalmente consistía en estudiar por adelantado lo que
me interesaba corregir. Las intérpretes de pop anteriores a mí
eran intérpretes de la canción americana estándar. Pensé en los
discos que mi padre traía a casa, y que ponía en el tocadiscos
monoaural de alta fidelidad que compró en 1957: los duetos de

Ella Fitzgerald y Louis Armstrong, Peggy Lee, Chris Connor, June Christy, y Billie Holiday.

Cuando viví en Nueva York, me hice amiga de Jerry Wexler y de su esposa Renee, a quien había conocido ligeramente cuando ella trabajó para David Geffen y Elliot Roberts. Wexler era uno de los hombres más respetados del departamento de artistas y repertorio en la industria discográfica. Había trabajado en los años 40 como escritor de la revista *Billboard*, donde acuñó el término "rhythm and blues" para sustituir al desagradable "race records" (discos raciales). Luego, en 1953, se asoció con Ahmet Ertegun y su hermano Nesuhi, y conformaron el sello discográfico Atlantic, que firmó a gigantes de la música como Ray Charles, Aretha Franklin, Chris Connor, Dusty Springfield, Wilson Pickett, y Led Zeppelin. Sobra decir que Jerry tenía una colección de discos fabulosa. Una tarde le dije que quería estudiar a los cantantes que habían reinado antes de que el rock and roll lo cambiara todo, y me ofreció el privilegio de sus tesoros de vinilo.

Además de una carrera titánica, Wexler tenía un encanto peculiar, que sazonaba con inconformistas frases callejeras y puntos de vista penetrantes. A los sesenta y cuatro años, hablaba como un judío amante del bebop educado por jesuitas. Sus orejas sobresalían un poco, como un animal en alerta, dando la impresión de escuchar atentamente. Yo era muy amiga del periodista Pete Hamill, y Wexler lo elogió de manera incondicional, describiéndolo como su tipo favorito de su compatriota: "un gato educado, salido de un barrio malo". Me encantaba escuchar las historias de Wexler sobre todos los músicos, compositores, matones y parásitos que había conocido en su larga carrera en el mundo de la música. Era un mentor ideal.

Hamill tenía también una impresionante colección de discos, especialmente de jazz. Él me entusiasmó con músicos como el saxofonista tenor Lester Young y el trompetista Clifford Brown, cuyo estilo lírico me encantaba. Hamill tenía muy buen gusto y siempre escuchaba una música irresistible mientras escribía. Además de jazz, a veces oía canciones del gran compositor mexicano Cuco Sánchez, algunas de la cuales incluí varios años después en mis discos mexicanos. Hamill me mostró una versión femenina de "What's New", que era un poco más cercana a mi clave que la versión de Sinatra, y un disco impresionante donde Betty Carter cantaba "Tell Him I Said Hello", que grabé en 2004 con la producción de John Boylan y George Massenburg. Las opiniones de Hamill eran muy importantes para mí.

Un día, Wexler y yo estábamos escuchando las grabaciones de Mildred Bailey, una cantante de jazz de los años 30, y se me ocurrió que debería comenzar a hacer un esfuerzo serio para aprender esas canciones. Pensé que debía conformar una banda de ensayos para poder trabajar en el fraseo y Wexler dijo que me ayudaría a hacerlo. Lo próximo que supe fue que estábamos grabando un disco.

Empezamos a hacerlo con carácter exploratorio, trabajando por las tardes antes de ir al teatro para cantar en *Piratas*. Wexler reunió una excelente banda de experimentados músicos de jazz, muchos de los cuales habían trabajado con los intérpretes originales del género. Entre ellos estaba el guitarrista Tal Farlow, el trompetista Ira Sullivan, y el gran pianista Tommy Flanagan. Pensé que entraríamos al estudio, donde ensayaríamos y haríamos los arreglos sobre la marcha, pero Wexler tenía otras ideas y contrató al saxofonista Al Cohn para que escribiera las letras. Desafortunadamente, Al, que era un muy buen arreglista, no había recibido ninguna información antes de escribir las letras, y me encontré con algunas canciones que tenían un ritmo rápido, cuando me había imaginado que serían lentas y melancólicas. Varios pasajes de canciones que hubiera preferido cantar en *rubato* estaban firmemente unidas a la sección rítmica. "Never Will I Marry", una canción que había querido cantar desde hacía varios años, tenía un ritmo tan vertiginoso que yo no lograba tragar o respirar, y mucho menos frasear. Wexler pensó que sonaba bien. Me empecé a preocupar de que no fuéramos una buena pareja en el estudio, y que tal vez todo había sido demasiado apresurado. Él tenía la mala costumbre de inclinarse en el micrófono y de interrumpirme en medio de una canción para darme sugerencias acerca de mi interpretación. Consideré que la interpretación era de dominio exclusivo mío, así que eso tampoco me alegró.

Terminé mi temporada con *Piratas* y regresé a la Costa Oeste. Wexler llevó las grabaciones maestras, y tocamos las mezclas en bruto para Joe Smith, otro hombre legendario en la industria discográfica, que en aquel entonces era presidente de mi sello. Smith y Peter Asher pensaron que el proyecto era un error desde el comienzo y no creían que las pistas debían ser sacadas al aire. Estuve de acuerdo con ellos sobre las pistas, pero me encantaban las canciones y quería grabarlas. Wexler creía que la grabación había quedado muy bien y argumentó enérgicamente a favor de lanzarla al mercado; él quería terminar la mezcla, y por respeto a su destacada posición en el negocio, nos pusimos de acuerdo para que lo hiciera, aunque yo sabía que eso no afectaría nuestra decisión final.

Lo que me dio certeza de que nuestras diferencias eran irreconciliables fue enterarme de que Wexler tenía pensado dejar el proceso de la mezcla totalmente en manos del ingeniero, sin que ninguno de nosotros estuviera presente. El proceso de la mezcla puede cambiar radicalmente el sonido, y el impacto emocional de una grabación es demasiado importante como para dejarla a cargo de otra persona, ya que eso no puede salvar una grabación mala, pero puede arruinar una buena. Yo había trabajado con

Peter, y no solo tenía mucha información sobre la creación de los arreglos, sino que, adicionalmente, él y yo mezclábamos las grabaciones con nuestro ingeniero. Wexler era muy arrogante en este sentido, y me dijo que muchas veces escuchaba las mezclas por teléfono y hacía sus comentarios finales. Me sugirió que yo también podía hacer lo mismo y me quedé de piedra, pues un teléfono no puede transmitir toda la gama de sonidos. Era como hacerlo utilizando cuerdas y un vaso de papel. Concluí que él no sabía la diferencia, o creía que *yo* no sabía la diferencia. Cualquiera de los dos casos era inaceptable.

Después de hablar con algunos amigos músicos que habían trabajado en las producciones anteriores de Wexler, supe por qué había actuado como lo hizo. Wexler era, en el sentido más estricto, anticuado para manejar a los artistas y a los repertorios. En los primeros días en que se hacían discos, la persona encargada de los artistas y el repertorio podía seleccionar el material y los ajustes musicales para un artista como Rosemary Clooney, para citar un ejemplo. Él podía decirle: "Tengo esta canción, llamada Come On-a My House. Vamos a grabarla en este estilo con este arreglista y estos músicos". Rosemary, una cantante maravillosa, supongo, con un montón de ideas propias, tenía muy poco que decir al respecto. Sin embargo, artistas como Bob Dylan y los Beatles cambiaron esa situación. Ellos escribieron o seleccionaron su propio material y dirección musical, obteniendo de paso un gran éxito. Asylum, el sello de David Geffen, fue fundado bajo la premisa de que la visión del artista sería respetada y apoyada.

Wexler era, en el mejor sentido de la palabra, un gran mariscal de campo de lunes por la mañana. Podía reconocer cuándo algo era bueno después de los hechos, y sugerir y organizar una dirección musical general, pero dejaba los detalles musicales y las decisiones de ingeniería en manos de especialistas a quienes delegaba gran parte del trabajo, tal vez más de lo que él se percataba.

En mi caso, el tiempo demostró que sus instintos en materia de artistas y repertorio eran acertados al pensar que yo podía tener éxito si grababa temas estándares del cancionero americano, pero que él no podía realizar la grabación de una manera que fuera satisfactoria para mí o para mi sello discográfico. Tuve que decirle que el álbum no sería lanzado. Él se sintió herido y enojado, y yo me sentí muy mal. Estaba muy decepcionada de que el proyecto no hubiera tenido éxito, y más triste aún de perder su amistad. Él y Renee habían sido muy amables conmigo mientras yo había vivido en Nueva York, y los apreciaba mucho a ambos, pero debido a las circunstancias, no había forma de salvar la relación.

Aunque Peter Asher y Joe Smith se preocuparon por el dinero perdido en el disco, se sintieron aliviados de que no fuera lanzado, lo que habría requerido, según ellos, gastar dinero a diestra y siniestra. Tenían la esperanza de que yo me olvidaría de grabar selecciones del cancionero estándar americano, pero no lo hice. Joe Papp y Wilford Leach habían decidido llevar *Los Piratas de Penzance* al cine, y nos pidieron a Rex Smith, Kevin Kline, Tony Azito, George Rose y a mí que interpretáramos nuestros papeles en la producción cinematográfica. Rodaríamos en Londres, y el resto del elenco, que incluía a Angela Lansbury, sería británico.

Filmamos en los Estudios Shepperton en Surrey, a unos cuarenta y cinco minutos de Londres, durante el invierno. Como los días eran tan cortos, teníamos que estar en el estudio antes de que saliera el sol y terminábamos de rodar cuando ya había oscurecido. Tomé una habitación con una chimenea de carbón en el hermoso y antiguo Hotel Connaught, y lavaba mi ropa en la bañera en los pocos días libres que tenía.

Pete Hamill se quedó por un tiempo en Londres y me traía

libros que compraba en una librería de Charing Cruce. Yo los leía en el set mientras esperaba a que me llamaran para aparecer frente a la cámara; entre ellos había novelas de Henry James, Edith Wharton, Thomas Hardy, Flaubert, Turgenev y Zola, los cuales me ofrecieron un contexto más rico y sofisticado para la opereta victoriana y bufonesca que estaba cantando. También me revelaron esta maravillosa frase de Flaubert: "Sé regular y ordenado en tu vida diaria, como un burgués, para que puedas ser violento y original en tu trabajo". Nunca he logrado dominar ninguno de los dos extremos de esta ecuación, pero creo que es un propósito noble.

Un día mi padre me llamó y me dijo con voz tensa y gris que mi madre había muerto después de permanecer un tiempo enferma. El siguiente día libre que tuve, mientras lavaba ropa en la bañera, recordé cuando yo tenía tres años, fui con mi madre al patio y le pasé las pinzas para colgar la ropa, entre la cual estaba siempre el vestido azul de percal y el pequeño delantal blanco de mi muñeca.

A comienzos de la primavera, me arreglé una mañana en la oscuridad antes de ir a grabar. Extrañaba a mi madre y todavía me sentía decepcionada por no haber podido cantar las hermosas canciones que había escogido para el álbum con Wexler, mientras escuchaba *Only the Lonely*, mi álbum favorito de Sinatra. A medida que Sinatra comenzaba su interpretación perfecta de "Guess I'll Hang My Tears Out to Dry", el sol, siguiendo su nuevo calendario de primavera, apareció de lleno en el horizonte. La luz del sol y la música me invadieron; yo era una habitante del desierto atascada en el norte frío y oscuro, sintiendo nostalgia y alegría. De repente, comprendí que si no grababa esas canciones que tanto me gustaban, pasaría el resto de mi vida pensando que me había perdido de una experiencia esencial. Decidí suplicarle a Peter que me ayudara, y para mi gran sorpresa, accedió a hacerlo.

Gracias a su gran sentido pragmático, Peter logró convencerme de que lo mejor sería grabar un álbum con la música más contemporánea que mi público se había acostumbrado a esperar de mí. Empecé a reunir material rápidamente para un nuevo disco, *Get Closer*. Nuestro ingeniero habitual, Val Garay, no estaba disponible, y le sugerí a Peter que buscáramos a George Massenburg, el ingeniero con el que había grabado en Maryland. Peter no había trabajado con él, pero le había gustado el Complex, un nuevo estudio que George había construido recientemente en el oeste de Los Ángeles.

George era considerado en la industria como uno de los grandes pioneros de la mezcla por computador, y fue el inventor de la ecualización moderna, que había desarrollado en su garaje de Baltimore cuando era apenas un adolescente. Tenía un aspecto de perplejidad burlona, semejante a la mirada de ojos vidriosos de un animal de peluche. No se vestía como un rockero, y llevaba un corte de pelo infantil, suéteres de cuello redondo, y pantalones chinos. Guapo y torpe, modesto y tímido, George podía realizar varias funciones simultáneas en su cerebro, que iban desde un nivel volcánico de creatividad a una siesta cósmica. A medida que trabajaba con él día tras día en la enorme mesa de grabación diseñada por él, a veces sentía como si estuviera sentada al lado de una caldera de vapor sin vigilancia que se estaba sobrecalentando peligrosamente y a punto de explotar. El ambiente de su estudio me recordaba el clásico animé japonés *Howl's Moving Castle*, y todas las pistas de la consola eran una puerta a un mundo diferente. Lo que pude aprender de él cambió fundamentalmente mi manera de cantar, grabar y escuchar música.

Grabé mi primer álbum digital, *Mad Love*, en 1980. Como la grabación digital era una tecnología nueva en esa época, Peter y yo no habíamos explorado plenamente la amplia gama de posibilidades que ofrecía. Por ejemplo, con la grabación analógica nunca pudimos desarrollar una forma muy sofisticada para mejorar mis interpretaciones vocales. En consecuencia, la mayoría de mis pistas vocales permanecían exactamente como las había cantado mientras grabábamos la pista básica. Yo tenía que tratar de reservar mi voz, pues muchas veces trabajábamos varias horas en una sola canción. Adicionalmente, no quería correr riesgos, porque tenía miedo de terminar con una idea que no fuera la mejor. Pero la nueva tecnología aumentaba considerablemente la capacidad de escuchar diversas grabaciones de enfoques vocales diferentes y permitía editar las mejores partes. También podíamos incluir los segmentos más imperceptibles: un soplo, una consonante final, o una sílaba ligeramente desentonada. Un ingeniero brillante como George, con su capacidad para escuchar sonidos en gran detalle, sabía cómo ensamblar las piezas de modo que las ediciones fueran invisibles y el canto sonara completamente natural. Esto me permitió relajarme y cantar todo lo que yo quisiera sin tener que preocuparme por un resultado poco satisfactorio. También me dio la posibilidad de estudiar la forma en que mi voz interactuaba con la pista instrumental, lo cual me permitió aprender a frasear mejor, así como a refinar y a desarrollar nuevas texturas vocales. En resumen, lo que George me había ofrecido era una nueva forma de aprender a cantar. Seguimos trabajando juntos durante varios años, y nunca dejé de aprender. Peter trabajó muy bien con George, y los tres nos integramos a las mil maravillas.

17

Nelson Riddle

Fotografía de Robert Blakeman.

En concierto con Nelson Riddle en
Santa Bárbara.

ME DESPERTÉ PENSANDO EN mi casa de Rockingham Drive:
"Nelson Riddle vendrá hoy a mi casa, y yo voy a cantarle la
hermosa canción de Irving Berlin, "What'll I Do". Una gran
sonrisa se dibujó en mi cara. Me cubrí con las mantas y canté
mentalmente: "¿Qué voy a hacer / Cuando estés... lejos...?" La
canción describía su belleza con una poesía frugal y en tres
cuartos de tiempo.

Salté de la cama y corrí a bañarme y a vestirme. Llevaba
mucho tiempo esperando esta ocasión, y no quería ser la causa
de más retrasos.

Había decidido que haría mi disco de canciones estándar
con una orquesta en lugar de una banda con instrumentos de
viento. Le dije a Pete Hamill que yo quería que las orquesta-

ciones sonaran como las de Nelson Riddle, pero no conocía a ningún arreglista que pudiera escribir como él. Peter me sugirió con sensatez:

— ¿Por qué no llamas a Nelson Riddle?

No se me había ocurrido esa idea por varias razones:

a. No sabía si todavía estaba vivo (era muy fácil comprobarlo).
b. No sabía si él me conocía, o si yo le importaba.
c. Me imaginaba que no le gustaba la música con influencias del rock y que no estaría interesado en trabajar con una cantante de ese género.

Cuando Peter Asher lo llamó, resultó que Nelson, que tenía sesenta años, no sabía muy bien quién era yo. Nelson le preguntó a su hija Rosemary si pensaba que debía trabajar conmigo. "Bueno, papá, el cheque no rebotará", fue su respuesta. Ella lo instó a considerarlo. A pesar de que él había escrito los arreglos para algunos de los cantantes más destacados de la música popular, incluyendo a Nat "King" Cole, Ella Fitzgerald, Peggy Lee, Rosemary Clooney, y por supuesto, a Sinatra, el teléfono de Nelson no había sonado mucho en los últimos años. La revolución del rock-and-roll lo había despojado de la mayor parte de su trabajo, y él había sobrevivido escribiendo música para la televisión, y para alguna película ocasional.

Se reunió con nosotros en el Complex, donde Peter, George y yo estábamos trabajando en las mezclas finales de *Get Closer*. Le dije que admiraba profundamente su trabajo en el disco *Only the Lonely*, de Sinatra, y todo el significado que tenía para mí. Le pusimos nuestra mezcla de "The Moon Is a Harsh Mistress", una de las canciones de *Get Closer*. Le dije que mi madre había muerto hacía muy poco tiempo y que la canción me hacía pensar en ella, porque cuando yo era una niña, siempre había visto su cara en la luna. Él respondió que su madre también había muerto mientras él trabajaba en *Only the Lonely*, y que había mucho de su madre en los arreglos de ese disco. Le pregunté tímidamente si consideraría hacer los arreglos de unas pistas para mi próximo disco; pedirle más parecía presuntuoso. Nelson respondió que los Beatles le habían pedido una vez que escribiera un arreglo orquestal para la pista de uno de sus álbumes, y él se negó firmemente, diciendo que no hacía pistas, sino discos completos. Saqué la lista de las canciones que había escogido.

— ¿Podrías hacer todas estas? —le pregunté.

Me dijo que sí.

Corrimos hacia el piano. La primera canción de la lista era "Guess I'll Hang My Tears Out to Dry". Nelson buscó en su maletín y sacó el boceto original de la orquestación que había hecho para Sinatra, pero no era la clave más adecuada para mi voz. Experimentamos un poco y encontramos la que funcionaba para mí. Tachó la clave de Sinatra y escribió la mía. Nuestro trabajo había comenzado. Nelson se llevó el boceto para hacer un nuevo arreglo. Quedé anonadada por la experiencia.

Le dije que me gustaban los arreglos personalizados e involucrarme desde el principio. No vio ningún problema en eso. El día que vino a mi casa arrastrando su pesado maletín, trabajó algunas horas en el piano, especialmente para escoger las claves y los ritmos. Le di las pautas generales, dejando a su cargo las complejidades musicales de las orquestaciones. Hacer más era algo que estaba mucho más allá de mis capacidades. A veces le sugería dónde quería una sensación de *rubato*, con solo cuerdas y vientos *aquí*, y poner la sección rítmica *allá*. Mientras estábamos trabajando en "Guess I'll Hang My Tears Out to Dry", le pedí una modulación en una clave más alta para realzar el arreglo. Nelson me sorprendió mostrándome una forma de modular en una clave *más baja*, ofreciendo un cambio de tono elegante.

Cuando terminamos de ensayar, nos sentamos en el sofá y hablamos de nuestras vidas. Le hablé de un amor no correspondido que yo sentía por un compositor al que ambos conocíamos, y él me habló del gran amor que había sentido por la cantante Rosemary Clooney, y lo mucho que había sufrido durante varios años. También me dijo que Irving Berlin le había propuesto matrimonio a la mujer que amaba, pero su padre se opuso, rompiéndole el corazón a Berlin e inspirándolo a escribir "What'll I Do". Afortunadamente, Berlin se casó posteriormente con ella. Nelson y yo nos hicimos amigos.

Antes de empezar a grabar *What's New*, Joe Smith fue a mi casa para tratar de convencerme por última vez de que no grabara el disco. Estaba genuinamente preocupado de que a mi público no le gustara ese disco y que mi carrera nunca se recuperara de ese golpe. En su opinión, yo estaba desperdiciando completamente mi vida profesional. Él tenía la razón por donde quiera que se evaluara la situación. Joe Smith sabía mucho sobre la industria discográfica. Yo lo respetaba, lo admiraba y confiaba en él, y normalmente me habría sentido inclinada a seguir su consejo. Pero afortunadamente, yo tenía las canciones de Gershwin, de Rodgers and Hart y de Irving Berlin retumbando en mi cabeza, y no pude escuchar una sola palabra de lo que me dijo.

Él comprendió que su argumento no estaba teniendo ningún efecto en mí. Le dije:

—Ya sabes que estoy trabajando con Nelson Riddle, y ya ha aceptado escribir mis arreglos. Smith se limitó a suspirar, y luego me preguntó si podía asistir a las grabaciones. Quedó deslumbrado con Nelson Riddle.

Empezamos a grabar el 30 de junio de 1982. Yo estaba nerviosa, y con mucha razón. El enorme costo de trabajar con una orquesta de cuarenta integrantes significaba que no podría ensayar con ella de antemano, y que tampoco podría trabajar varias horas en cada canción ni en una pocas pistas a la vez, tal como habíamos grabado "You're No Good". Sería la primera vez que escucharía realmente los arreglos que Nelson había creado para mí. Hacíamos tres o cuatro ensayos de cada canción y pasábamos a la siguiente, con la esperanza de grabar tres o cuatro canciones en una sesión de tres horas. No tendría tiempo para sentirme cómoda con los arreglos ni de perfeccionarlos para que coincidieran con mi idiosincrasia vocal. Además, las composiciones intrincadas de Nelson exigían una capacidad considerable para estirarme y respirar, y para moverme libremente a través del tiempo, haciendo que, en muchos casos, fuera demasiado difícil volver a hacer las voces después. Una vez más, tendría que depender de mi voz en vivo.

Empezamos con "What's New". Practicamos primero el arreglo para el beneficio de la orquesta. Comenzamos a grabar y canté tres veces. Utilizamos la primera grabación y conservamos la parte vocal. Esto significaba que lo que aparecería en el disco sería la primera vez que yo cantaba la canción con ese arreglo y en esa clave. Mi capacidad para tocar la guitarra se limitaba a las canciones de tres acordes, y no podía acompañarme con un material tan sofisticado. Para practicar antes de la sesión, tuve que cantar con otro disco, con un arreglo diferente y en una clave distinta a la mía. No es de extrañar que Joe Smith se hubiera preocupado. Afortunadamente, yo estaba muy distraída, pues me encantaba esa música, así que dejé de preocuparme y me limité a cantar. Tener la oportunidad de cantar con los suntuosos arreglos de Nelson era un verdadero placer.

Finalmente, como el tiempo es dinero y yo sentía la necesidad de apresurarme con las canciones, el desánimo comenzó a apoderarse de mí. John David Souther fue al estudio, escuchó varias pistas, y nos animó efusivamente. Supongo que tal vez estaba tratando de ser agradable, pero yo sabía que a él le gustaba el material y el trabajo de Nelson tanto como a mí, y se habría dado cuenta si no lo estuviéramos manejando con el respeto y cuidado que se merecía. El voto de confianza de John David también reconfortó a Peter Asher, quien siendo británico, no estaba tan familiarizado con el material y básicamente lo había escuchado en los ascensores. Esto había puesto a Peter en la incómoda posición de tener que trabajar muchísimo para ayudarme a hacer algo que a él no le parecía una buena idea, mientras trabajaba en un contexto desconocido. Sin embargo, trabajó con su meticulosidad habitual y no se quejó.

Ahora bien, si por casualidad estoy en una tienda o en un restaurante y oigo alguna de esas partes vocales que yo cantaba con tanta prisa, me sonaría como un boceto. Ojalá hubiera podido darme el lujo de interpretarlas en el escenario algunas semanas antes de grabarlas, para materializar mis ideas de fraseo y cantarlas con más confianza, pero no fue posible, y tuve que aceptar eso.

El siguiente obstáculo fue encontrar la manera de convencer a mi público de que comprara entradas para un espectáculo que no incluiría ninguno de mis discos anteriores, donde yo cantaría un estilo de música muy distinto y para una generación diferente. Contraté a un grupo de siete excelentes músicos de jazz, en algunos casos legendarios (el bajista Ray Brown, el saxofonista Plas Johnson) para reemplazar a mi banda habitual, manteniendo solo a Don Grolnick, un teclista extraordinariamente versátil. Me sentía honrada de tocar con ellos, y también bastante intimidada. Añadí un grupo vocal estilo años cuarenta, llamado las Step Sisters. Las nueve canciones que había grabado con

Nelson no eran suficientes para el repertorio de un concierto. Además, cantar con las Step Sisters hizo que fuera necesario agregar una sección de canciones con ritmo rápido para que el concierto fuera un poco más animado.

Mi hermana Suzy había ido a la escuela secundaria en los años cincuenta. Era linda y popular, y había asistido a tres fiestas de graduación con hermosos vestidos de vals, blusas ajustadas y sin tirantes, y faldas amplias con muchas capas de tul. Me encantaban esos vestidos, pero cuando entré a la escuela secundaria en los años sesenta, todas asistimos a las fiestas de graduación con los vestidos estilo Jackie Kennedy con mangas de brocado, muy de moda en esa época; sentí que me había perdido de algo agradable. Contraté a una estilista, Jenny Shore, para que buscara vestidos de tul de los años cincuenta en las tiendas de segunda mano. Ella los consiguió, y las Step Sisters y yo los utilizamos en los conciertos.

Nuestra primera presentación fue en el Radio City Music Hall de Nueva York, el 24 de septiembre de 1983. Yo estaba tomada de la mano de Nelson, con un antiguo vestido de fiesta, combinado con una falda esponjosa. Nelson, que normalmente es optimista, estaba tan nervioso como yo. Me apretó la mano y me dijo:

—No me decepciones esta noche, cariño—Luego se levantó la manga de su chaqueta para mostrarme las mancuernas que llevaba—. ¿Ves esto?—me dijo—. Rosemary [Clooney] me las dio, y siempre las uso cuando necesito un poco de suerte.

Salí al escenario acompañada de un piano. Canté el verso de "I've Got a Crush on You". Nelson y la orquesta fueron levantados en una plataforma hidráulica, y él me acompañó durante el estribillo: "Estoy enamorado de ti, cariño / Todo el día y la noche, óyeme suspirar".

Al público le encantó, pero yo tenía mis dudas.

Peter, al ver que yo me encontraba en un estado de nervio-
sismo que bordeaba en la psicodelia, regresó en el intermedio
para decirme que estábamos teniendo mucho éxito. La mayoría
de los artistas tienen que enfrentarse a los nervios en todas sus
presentaciones. Recuerdo apenas los casos extremos, donde el
tiempo se distorsiona y siento que estoy al lado de mi cuerpo.
Esta fue una de esas ocasiones. Como dice el antiguo refrán, yo
estaba fuera de mí.

Terminamos la segunda parte del concierto y me fui a mi
apartamento. Me asomé a la ventana de mi pequeña sala, desde
donde podía ver el Museo de Historia Natural del Central
Park, y más allá. Yo sabía que tener éxito con la orquesta significaba que ya no podía limitarme a la monotonía de cantar las
mismas viejas canciones. Ahora tenía otras nuevas, y también
al gran cancionero americano. Había logrado salir de la trampa,
y sonreí.

What's New, el álbum que lancé ese mes, vendió más de tres
millones de copias, y estuvo ochenta y una semanas en la lista
Billboard. Los críticos musicales amantes del rock-and-roll se
preguntaban por qué había abandonado a Buddy Holly por
Gershwin. La respuesta es que yo sentía que tenía mucho más
espacio para cantar e intentar cosas nuevas. El hecho de trabajar en *Piratas* había desarrollado la voz de mi cabeza; cantar
canciones estándar me ofrecieron la posibilidad de mezclar la
voz de mi pecho y formar lo que profesores de canto llaman
cantar con una "mezcla". Esto me dio una gran flexibilidad
vocal que no había tenido antes, y sentí que finalmente estaba
aprendiendo a cantar. El barrido sofisticado de la melodía y las
complejas capas de significado de las letras significaban que yo
podía contar una historia más rica y matizada, y que la historia no se quedaría atascada en las pasiones de la adolescencia.
Además, yo no podía soportar la idea de que unas canciones tan

hermosamente diseñadas estuvieran condenadas a sonar únicamente en los ascensores.

Otra razón por la que canté canciones estándar con tanto
fervor era que yo no había sentido nunca que el rock and roll
me definiera. Había una actitud inflexible que acompañaba a
la música, y que requería tener una actitud confrontacional,
despectiva y agresiva, o como diría mi madre, descortés. Estas
actitudes sucedieron en un momento en que la cultura se encontraba en un estado profundamente dinámico. Los niños estaban
creciendo, buscando una identidad, y despojándose de muchos
de los valores y costumbres aceptados por las generaciones anteriores. Esto no era malo del todo, ya que muchas de estas cosas
necesitaban cambiar (me sentí particularmente contenta al ver
que los calzones grandes eran tirados a la basura). Al igual que
las chicas de la República de Weimar de los años veinte, quienes
se vieron liberadas por su falta de dote, me siento feliz de vivir
en un mundo con acceso al control de la natalidad y al derecho
de las mujeres de interrumpir un embarazo. Sin embargo, me
estremezco cuando pienso en algunas ocasiones en las que fui
poco menos que amable. No fui criada así, y tampoco tenía esa
actitud. El hecho de ser considerada como la Reina del Rock en
cierto período de los años setenta me hacía sentir incómoda, ya
que mis devociones musicales estaban con frecuencia en otra
parte.

Mi candidata para ser considerada como la primera rockera
completamente femenina es Chrissie Hynde, de los Pretenders.
Ella tiene la musicalidad, la originalidad, la actitud "cool" y se-
ductora, y la destreza en la guitarra para asegurarse un lugar de
privilegio. Interpretar canciones estándar me dio la flexibilidad
para explorar la naturaleza suave de mi madre, del mismo modo
que el hecho de cantar música tradicional mexicana me permitió
explorar el lado apasionado y romántico de mi padre.

Nelson y yo hicimos otros dos discos, *Lush Life* y *For Sentimental Reasons*. Cuando comenzamos a trabajar en el tercero, vimos que él se iba a dormir en su coche durante las pausas. Tenía una grave enfermedad hepática, y murió en octubre 1985 después de completar los arreglos. Hicimos la sesión final de grabación sin él. Algunos de los músicos lloraron, incluyendo a su hijo, Christopher, que tocó el trombón en la sección de vientos.

Luego de escuchar los últimos arreglos que escribió Nelson antes de morir, no tengo ninguna duda de que él sabía que sus días estaban contados y que trató de reunir valor con su música, la mejor arma que tenía. Nelson solía decir que un arreglista tenía solo unos pocos compases para contar su propia historia: por lo general durante la introducción, y a veces en la sección al final. El resto del tiempo, el arreglista apoyaba la historia del cantante, o le daba contenido a las ideas del compositor. El comienzo y el fin de sus arreglos para la canción "'Round Midnight" dan pistas sobre lo que Nelson pensaba en sus últimos días.

Poco después de su muerte, recibí una carta de Rosemary Clooney, en la que me invitaba a cantar en un concierto benéfico que ella organizaba anualmente en Los Ángeles. Le envié una nota escrita a mano, diciendo que me encantaría hacerlo, y que Nelson me había hablado de ella a menudo y con cariño. Ella me respondió con una nota escrita de su puño y letra, invitándome a cenar a su casa, y diciéndome que le encantaría oír hablar de Nelson.

Yo me disponía a visitar a Rosemary cuando Jerry Brown llegó inesperadamente a mi casa. Le dije que me habían invitado a una cena, y él señaló que tenía hambre y que le gustaría ir. Llamé a Rosemary para preguntarle si Jerry podía ir conmigo, y me dijo que sí. Antes de salir, Jerry vio una gran caja de rosas que me habían enviado. Tal vez se sentía un poco avergonzado por haberse invitado a cenar, y como es conocido por cuidar cada dólar, las cogió y dijo:

—Podemos llevárselas a Rosemary.

—¡Pero son mías!—protesté.

Él me lanzó una sonrisa maliciosa.

—Si retiro la tarjeta, serán de ella.

Le llevamos las flores a Rosemary. Ella y Dante DiPaolo, su compañero inseparable (posteriormente se casaron) prepararon espaguetis. Su hija menor, Monsita, así como Debby Boone, la cantante e hija de Pat Boone, también estaban presentes. Fue una velada muy divertida. Monsita, Jerry y yo intercambiamos historias sobre las monjas que nos habían aterrorizado en la escuela católica. Rosemary señaló con el dedo entre carcajadas y me dijo: "Te diré una cosa: ¡estarás conmigo el resto de mi vida!" Y así fue. Rosemary y yo nos hicimos muy buenas amigas. Hemos cantado juntas y ella me ha contado muchas historias sobre su vida y su carrera. También se solidarizó conmigo por todas las dificultades que conlleva estar de gira durante toda una vida. Yo solía decirle que si algún día existía una asociación de cantantes anónimas, ella sería mi patrocinadora.

A Rosemary le decían con frecuencia que era "la mejor amiga que haya tenido una canción", porque tenía una rara habilidad para cantar una canción que habías escuchado un millón de veces y hacerte pensar que era la primera vez que comprendías todo su significado. Canciones que parecían desgastadas, cobraban nueva vida y me sacaban lágrimas cuando las cantaba Rosemary.

Una noche, cuando yo estaba en su casa, ella me mostró una linda insignia en oro y esmeraldas que le había dado Nelson, y me la regaló. Siempre he pensado que mi amistad con Rosemary fue el último regalo de Nelson.

Jerry Brown y yo nos divertimos mucho durante varios años. Era inteligente y divertido, no era aficionado al alcohol ni a las drogas; era muy disciplinado y llevaba una vida ordenada. Era muy diferente de muchos hombres que conocí en el rock and roll, y eso me pareció un verdadero alivio. Asimismo, él asumía profesionalmente muchas cuestiones que yo asumía con pasión: temas como la seguridad de las plantas de energía nuclear, la erosión del suelo en la agricultura, las políticas del agua, y los derechos de los trabajadores agrícolas. Ninguno de los dos ha padecido la ilusión de querer compartir su vida con el otro. Su vida me habría parecido demasiado restrictiva, y él habría pensado que la mía era totalmente caótica. Al final tomamos caminos separados y seguimos las cosas que resonaban con nosotros como individuos diferentes que éramos. Jerry terminó su segundo mandato como gobernador en 1983 y se fue a trabajar a la India con la Madre Teresa, mientras yo me instalé en Nueva York para trabajar con Joe Papp. Jerry ha regresado a la política y es el actual gobernador de California. Está felizmente casado con una mujer a la que aprecio mucho. Siempre hemos mantenido unas relaciones excelentes.

17

Sueños

*Vestida con mi traje mexicano de
china poblana.*

MI PADRE ME LLAMÓ. Me dijo que Lola Beltrán, mi cantante favorita de rancheras mexicanas desde que yo era niña, participaría
en la Conferencia Internacional del Mariachi en Tucson, en 1983,
un evento anual que se realizaba por segunda vez. Nunca la había
visto cantar, y mi padre me preguntó si me gustaría asistir. Abordé
un avión con rumbo a Tucson.

Lola era esplendorosa. Era alta y atractiva, con pómulos
pronunciados, tenía un dominio absoluto del escenario, y movía

sus hermosas manos con tanta gracia que eran un espectáculo en sí mismas. Sus trajes eran sofisticados y bellos, basados en la tradición regional. Movía su rebozo de seda de color melocotón en varias poses con un estilo tan elegante, que aunque su puesta en escena era simple, se veía muy compleja. Su voz era tan potente como la de una cantante de ópera, pero la utilizaba de un modo completamente diferente. Cantaba principalmente con su enorme voz alta y de registros agudos, y estallaba en un falsete altísimo, para enfatizar deliberadamente en el cambio de la voz que un cantante clásico trata de ocultar. Esta es una tradición del canto mexicano, es muy difícil de lograr, y suele ser mejor ejecutada por cantantes masculinos. Lola lo hacía sin esfuerzo. Tenía un formidable rango dinámico, que iba desde un suave murmullo a un lamento angustiado que podía derribar muros. Su voz, apasionadamente dolorosa, superaba las barreras del idioma y te destrozaba el corazón.

La conocí después de su presentación. Cuando supo que yo también era cantante, me regaló su rebozo de color melocotón, el cual utilicé en el estudio cuando grababa en español, pues me llenaba de valor.

Su espectáculo hizo que me preguntara dónde podría encontrar buenos músicos que tocaran rancheras en Los Ángeles, y que tuvieran paciencia para enseñarme y estar conmigo. Yo había cantado canciones mexicanas con mi familia cuando estaba pequeña, pero por lo general solo sabía algunas frases y luego tarareaba "La-la-la" en las partes que no me sabía. Adquirir una competencia profesional en este estilo sería un asunto muy difícil.

Mientras seguía pensando en la música mexicana, recibí una llamada de Joe Papp. Iba a presentar *La Bohème* —la ópera de Puccini— en el Teatro Público de Nueva York en otoño de 1984 y quería que yo cantara el papel de Mimi. Wilford Leach dirigiría la obra. Le dije que sí, sin detenerme a pensar en las dificultades. Me encantaba *La Bohème* desde la infancia, la escuchaba con frecuencia y hablábamos de ella en casa de mis abuelos. Mi abuela tenía una grabación de esta ópera, con la soprano española Victoria de los Ángeles cantando la parte de Mimi, que era mi interpretación favorita. Mi abuelo se sentaba al piano y tocaba las melodías, mientras una de mis tías interpretaba un fragmento de una aria. Era como la música de mi familia, y tenía muchas ganas de empezar a aprenderla.

Poco después fui a Nueva York para filmar un especial de televisión sobre Randy Newman y su música, donde participábamos Ry Cooder y yo. Randy y yo íbamos caminando aquel verano por Columbus Avenue en el Upper West Side de Manhattan para almorzar en el Café des Artistes. Me encantaba ir a ese restaurante y ver los murales de Howard Chandler Christy, con las doncellas desnudas retozando en las paredes.

Un policía pasó corriendo a toda velocidad a nuestro lado, respirando con dificultad y tratando de alcanzar a alguien que no podíamos ver. Avanzó varias yardas, y la pistola se salió de la funda y cayó a la acera. Lo llamamos, pero no pudo oírnos. Me agaché para recoger el arma.

—¡No! —gritó Randy—. ¡Déjala ahí!

—¿Qué pasa si un niño la recoge? —le pregunté—. Alguien podría lastimarse.

—¡Tírala ahí! —dijo, señalando un gran cubo de basura.

—Podría matar a un pobre recolector de basura —señalé. Decidí encargarme de la pistola e intentar devolvérsela al policía. Después de todo, yo era una vaquera de Arizona. Mi padre, y mi hermano mayor, que era oficial de policía, eran tiradores expertos. Yo había aprendido a disparar desde que era niña. No importaba que les tuviera mucho miedo a las armas de fuego ni que creyera en un estricto control de armas. Randy no era un vaquero, pues había crecido en Los Ángeles.

Recogí el arma e inmediatamente vi a dos policías que pasaban en una patrulla. Levanté el brazo como si tratara de parar un taxi y comencé a mover la pistola. Randy, que carecía de experiencia con armas de fuego, pero sabía muy bien lo que les sucede a las personas que les apuntan con pistolas a oficiales del NYPD, logró ocultar el arma mientras me explicaba con la mayor discreción posible que yo era una tonta y una imprudente. Gracias a él, evitamos salir en la próxima edición de *New York Times*.

Después de discutir brevemente, acordamos guardar la pistola en mi bolso, que en realidad era una lonchera metálica con la imagen de Roy Rogers y su caballo Trigger, muy semejante a una que yo había tenido cuando estaba en tercer grado. Caminamos hasta la patrulla y explicamos lo que había sucedido. Abrí la lonchera y entregué la pistola como si fuera un regalo de los Reyes Magos. Afortunadamente, la pistola no se disparó. Eché un vistazo a la calle y vi al oficial de policía mirando con ansiedad a lo largo de la acera. Esto le añadió credibilidad a nuestra historia.

Seguimos caminando en dirección al Café des Artistes. Durante el almuerzo, le dije a Randy que había aceptado interpretar el papel de Mimi en *La Bohème*. Pareció muy preocupado.

"Oh no, Ratita Potente", me dijo. Randy me decía así porque yo cantaba muy fuerte. "Eso podría ser demasiado difícil para ti".

Regresé a mi apartamento y comencé a ensayar para *La Bohème*. Comprendí que debería haber insistido en una audición para esta producción, pues empecé a darme cuenta de lo difícil que sería cantar en esa obra.

Le manifesté mi preocupación al director Wilford Leach, quien había hecho un trabajo magistral con *Piratas*. Él estaba acostumbrado a que los artistas se obsesionaran con sus limitaciones, y me dijo que dejara de preocuparme. No le gustaba el canto lírico y esperaba que pudiéramos lograr un sonido más "natural". Estuvimos a un paso de hacerlo. Una vez más, el resto el elenco era muy bueno. Wilford hizo que recurrieran fuertemente a su capacidad de actuar para comunicar la historia, y todos estuvieron a la altura. Gary Morris, un cantante de música country con una voz inusualmente rica, interpretó a Rodolfo. Su interpretación fue honesta y conmovedora, y su forma de cantar sencilla y natural, con una sólida base musical y un gran respeto por los orígenes del tema. David Spencer tradujo el libreto al inglés como si estuviera escribiendo letras para canciones de Broadway. Creo que hizo un trabajo maravilloso.

El resultado final, que se abrió a tiempo para las vacaciones, era como un tarjeta de Navidad victoriana en movimiento. La historia, que es muy triste, y la música, que es casi eterna e indestructible, seguían siendo muy conmovedoras a pesar de la traducción al inglés y de la orquestación simplificada. En lugar de tener una orquesta completa, un pequeño grupo de músicos tocaron flautas, una guitarra, algunas cuerdas y una mandolina. La idea era que tuviera un sonido vigoroso y de teatro callejero, un objetivo que se alcanzó. El mayor problema, para el que no veía solución, era que mi voz no tenía la formación para una parte tan exigente y que debía ser cantada exclusivamente en la extensión más alta. Yo creía ingenuamente que si escuchaba a una buena cantante de ópera, podría imitar su sonido. Logré imitar el gran sonido de Victoria de los Ángeles en un par de notas, pero no había desarrollado la musculatura para sostenerla a través de una línea musical. Era como tener unas palabras en un idioma extranjero que uno puede pronunciar de manera convincente, pero sin el vocabulario.

Los comentarios, algunos positivos y otros mordaces, no incluyeron ninguna alabanza por parte del importantísimo *New York Times*. Frank Rich, un crítico a quien respeto mucho, escribió: "No es el agotamiento lo que está matando a Mimi, interpretada por Linda Ronstadt en la loca producción de *La Bohème* en el festival Shakespeare de Nueva York, sino el miedo incontrolable". Tenía toda la razón.

Joe Papp estuvo sensacional cuando fue a reconfortarnos, pues nos sentíamos abatidos. Sus palabras nos dieron la determinación para seguir trabajando en nuestras actuaciones y tratar de perfeccionarlas del mismo modo en que lo habríamos hecho si el espectáculo fuera un éxito enorme destinado a Broadway.

—¡El trabajo lo es todo!—nos dijo, y luego nos leyó una cita reconfortante de Puccini—: Los críticos son capaces de hacer mucho daño, y muy poco bien.

Luego de semejante estímulo, conseguí relajarme y disfrutar del resto de las funciones. Siempre he creído que uno aprende más de los fracasos que del éxito.

La frustración de no poder alcanzar plenamente un sueño musical es decepcionante y me ha sucedido más de una vez. El premio de consolación que recibí de mi experiencia en *La Bohème* fue el siguiente: el aprendizaje de mi papel me permitió conocer la forma de pensar de Puccini, algo que no pueden lograr la mayoría de los espectadores. Tener la oportunidad de sentir una compañía tan íntima y con una música de tanta calidad hizo que valieran la pena todas las angustias que sentí. Ahora, cuando voy a la ópera a escuchar *La Bohème* con una intérprete mejor que yo, sigo sintiendo esa intimidad. Cuando Rodolfo, Mimi, Marcello y Musetta salen al escenario, siento como si estuviera saludando a viejos amigos que no he visto desde hace mucho tiempo, y que he echado de menos. Me siento encantada cuando los oigo cantar las bellas arias en italiano, con sus voces impecablemente entrenadas.

Cerré mi apartamento de Nueva York, lo puse a la venta, y regresé a la Costa Oeste. Todas las noches pensaba en la posibilidad de lanzar un disco mexicano. El mundo onírico del sueño y el mundo onírico de la música no son muy distantes. Veo con frecuencia destellos del uno mientras cruzo la puerta hacia el otro, como si me encontrara con un vecino en el pasillo que entrara a su apartamento al lado del mío. En el estudio de grabación, solía hacer una siesta y me despertaba con partes de la armonía totalmente formadas en mi mente, lista para grabarlas. Pienso en la música como si soñara con sonidos.

Con el actor y cantante Daniel Valdez, quien participó con nosotros en la gira "Canciones de Mi Padre".

18
Canciones de Mi Padre

MI EXPERIENCIA CON PETE HAMILL me ayudó a consolidar mis sueños mexicanos. Él había estudiado en la Ciudad de México y tenía una comprensión inusitada de las sofisticadas complejidades del mundo artístico mexicano, así como un gran conocimiento de la literatura, la poesía, la música y las artes visuales de ese país. Los mexicanos tienen una apreciación más ferviente de la poesía, y la utilizan con frecuencia. Esta ocupa un lugar antiguo y destacado en la cultura mexicana. Los aztecas la llamaban "la dispersión de los jades", pues el jade era lo que más valoraban, mucho más que el oro, por el que fueron asesinados en gran número por los invasores españoles. Los aztecas creían que los aspectos más profundos de ciertos conceptos, ya fueran emocionales, filosóficos, políticos, o artísticos, solo podían expresarse a través de la poesía.

Las letras de las canciones mexicanas, desde las culturas sofisticadas de las ciudades a los asentamientos rurales más elementales, son ricas en imágenes poéticas. Yo estaba empezando a aprender las palabras de las canciones que había amado desde mi infancia, y a escribir las traducciones del español al inglés para conocer el significado exacto de cada palabra y poder darle el énfasis emocional adecuado.

Estaba buscando a alguien que me enseñara las complejidades rítmicas de las canciones, en particular de los formidables huapangos, cuando recibí otra llamada de mi padre, quien me dijo que yo había sido invitada a cantar algunas canciones en la ceremonia de gala de la Conferencia Internacional del Mariachi en Tucson. Los organizadores me ofrecían al famoso Mariachi Vargas de Tecalitlán para acompañarme, y a su director Rubén Fuentes para escribir mis arreglos. ¡Quedé asombrada! Si yo estuviera cantando canciones estándar americanas, sería como contar con Nelson Riddle y con una orquesta completa. El Mariachi Vargas fue creado en México a finales del siglo XIX, y es considerado ampliamente como el mejor mariachi del mundo. Rubén Fuentes es una figura destacada en el mundo de la música mexicana. Ha compuesto muchos éxitos, y fue el director musical de discos RCA en México por lo menos durante una década, donde se desempeñó como productor de un gran número de cantantes de rancheras, como Lola Beltrán. Igualmente, fue socio de Silvestre Vargas, hijo del líder original del Mariachi Vargas, y ha producido y hecho arreglos para este grupo desde los años cincuenta.

Se trataba de una gran oportunidad, y decidí que trataría de aprender tres canciones y encontrar la manera de ensayarlas antes de cantarlas en Tucson. Escogí canciones que conocía de las grabaciones que mi padre había traído de México, cuando yo tenía unos diez años. Las había oído muchas veces pero nunca había intentado cantarlas.

Rubén Fuentes viajó a Los Ángeles desde Ciudad de México para reunirse conmigo y hablar acerca de los arreglos. Mi español hablado se limita al tiempo presente, y mi vocabulario es como el de un niño, así que le rogué a mi querida amiga Patricia Casado, cuya familia es propietaria de Lucy's El Adobe Cafe de Hollywood, para que me sirviera de intérprete.

Además de servir la mejor comida mexicana en Los Ángeles, Patricia y sus padres, Lucy y Frank, eran como una familia para mí. Siempre fueron muy amables con todas las jóvenes promesas musicales que grababan en los estudios aledaños a su restaurante de Hollywood, incluyendo los Eagles, Jackson y John David, Jimmy Webb y Warren Zevon. Todos íbamos allí por su excelente comida y las alentadoras palabras de sus propietarios. Patricia era conocida por no cobrarle a un cliente habitual si sabía que tenía una mala experiencia en su restaurante. La policía local y los bomberos eran clientes habituales, donde eran muy bien atendidos por Lucy, al igual que muchos periodistas y políticos, entre ellos Jerry Brown, a quien conocí allí cuando era secretario de Estado de California. Las personas de la industria cinematográfica que trabajaban en Paramount Studios, situado en la calle de enfrente, también eran clientes asiduos, pues les gustaba la comida y la camaradería del lugar.

Siempre que volvía a casa después de una gira, iba al restaurante luego de llegar al aeropuerto. Ese restaurante era como mi base de operaciones.

Unos días antes de que Rubén llegara a LA, me lesioné la espalda mientras levantaba una pesada maleta de la cinta transportadora en el aeropuerto. Apenas podía caminar y tuve que permanecer en cama. Cancelar la reunión con él estaba fuera de toda discusión, ya que Rubén había hecho un largo viaje con el único propósito de hablar conmigo. Patricia me ayudó a peinarme, me trajo una bata y luego me acompañó al sofá rosado que tenía en mi habitación, donde me reuní con él. Me daba vergüenza tener que recibirlo así, pero no tenía otra opción.

Rubén llegó con Nati Cano, líder del Mariachi Los Camperos, con sede en Los Ángeles y cuya calidad era semejante a la del Mariachi Vargas. Rubén tenía unos sesenta años; era guapo, cortés y discreto, y me di cuenta de que estaba acostumbrado a estar al mando. Nati Cano, una música y compositora brillante, se convertiría en mi maestra y venerada mentora durante muchos años.

Le mostré a Rubén las tres canciones que había escogido.

Dos de ellas eran huapangos que, además de tener una estructura rítmica más complicada, exigían una gran cantidad de falsete. Él se sorprendió con mis elecciones.

—Son muy antiguas y muy tradicionales. ¿Por qué las conoces?—me preguntó.

Le respondí que las había escuchado desde mi niñez.

—Son difíciles de cantar. Tal vez deberías escoger otras—me sugirió.

Sin embargo, yo quería cantar las tres canciones que había escogido. Finalmente, Rubén aceptó enviarle los arreglos a Nati Cano, quien me aseguró que yo podría ensayarlas un par de veces con los Camperos antes de viajar a Tucson.

Nati Cano tenía un restaurante en el centro de LA, llamado La Fonda, donde los Camperos tocaban por las noches. Ensayamos allí por la tarde, y una vez me quedé para ver el espectáculo nocturno. Además de la banda, integrada por un cantante superlativo tras otro, un par de bailarines folklóricos interpretaron bailes tradicionales; los más destacados fueron "La Bamba" y "Jarabe Tapatío". Quedé muy impresionada con Elsa Estrada, una joven bailarina llena de gracia. Tenía un encanto irresistible, con su hermoso vestido de encajes blancos de Veracruz, sus enormes ojos negros que destellaban, y sus zapatos de tacón que martillaban los intrincados pasos de "La Bamba": "Para bailar La Bamba, se necesita una poca de gracia".

Elsa tenía una gran elegancia. Decidí montar un espectáculo en el que yo cantara íntegramente en español, acompañada con los hermosos bailes de Elsa. Yo quería que estuviera basado en pequeñas estampas de diferentes regiones de México, tal como había hecho mi tía Luisa al interpretar canciones folklóricas y danzas de España.

Mi interpretación de las tres canciones que escogí para cantar en Tucson no era muy sólida, pero a diferencia de mi experiencia en la *Bohème*, sentí que me faltaba poco para dominarla, y que simplemente era cuestión de tiempo y de práctica. Había encontrado una profesora, quien me enseñaría a bailar algunas canciones, a descifrar el ritmo y a comprender mejor el fraseo. Le pregunté a Rubén si estaría interesado en producir un disco para mí con el Mariachi Vargas, y me dijo que sí. Luego de recordar mi experiencia infortunada con Jerry Wexler, decidí asegurarme e incluir a Peter Asher como coproductor.

Cuando mi compañía discográfica se enteró de mis nuevos planes, todos creyeron que me había vuelto loca: ¿grabar canciones arcaicas de los ranchos de México? ¿Y todo en español? ¡Imposible! Les supliqué, con el argumento de que había vendido millones de discos para ellos a través de los años y me merecía esta indulgencia. Peter se mostró sumamente interesado. No había oído una canción mexicana en su vida, no hablaba una palabra de español, y trabajaría como coproductor con una persona que casi no hablaba inglés. Pensé que los dos eran muy caballeros y profesionales y que lograrían trabajar juntos. El tiempo me dio la razón.

Rubén Fuentes había trabajado con el Mariachi Vargas en *La Época De Oro* del mariachi, desde los años treinta hasta los cincuenta. Yo había crecido adorando esos discos, que eran en su mayoría grabaciones monoaurales de alta fidelidad, realizadas en los estudios de la RCA Victor en Ciudad de México. El sonido era cálido y natural, y yo tenía la esperanza de captar una parte de esa tradición en mi grabación. Rubén quería un sonido más moderno, con mucho eco en los violines y un enfoque más urbano en los arreglos. Se resistió un poco cuando le pedí que reemplazara los acordes modernos con tríadas más simples de uno-tres-cinco. Rubén había sido en gran parte el responsable de la diversificación del estilo mariachi, y de cultivar un brillo urbano y sofisticado a lo largo de los años. Era comprensible que a él le pareciera una regresión volver a un estilo tradicional, pero yo quería hacer la música que había escuchado y amado en mi infancia.

Yo tenía una apacible vaca negra y blanca llamada Luna, que parió a *Sweet Pea* (Arveja Dulce), una ternera adorable. Traje todas las fotos que tenía de Luna y de Sweet Pea, y las puse en la pared del estudio de grabación. Yo le decía bromeando a Rubén en mi español deficiente que quería más vacas y menos bocinas de coches en mis arreglos. Rubén, que no estaba acostumbrado a una artista con criterio, y mucho menos si era mujer, se sintió un poco irritado. Para su crédito, hizo un gran esfuerzo para cumplir con mis peticiones. Yo no quería presionarlo demasiado, porque sabía que él conocía al público que iba a comprar este disco mucho mejor que yo.

Aprender a cantar esas canciones, con sus ritmos enigmáticos y en otro idioma, es lo más difícil que he hecho en mi vida. No logré exactamente el sonido que quería en la grabación, aunque eso no pareció importarles a quienes compraron el disco. *Canciones de mi Padre*, lanzado en noviembre de 1987, fue certificado inmediatamente como doble platino, vendió millones de copias en todo el mundo, y es el álbum más vendido en lengua extranjera en la historia de Estados Unidos. También ganó el Grammy en la categoría de Mejor Interpretación México-Americana. Quedé tan sorprendida por su éxito como mi compañía disquera. Tengo que decir que el éxito se debió al material tan sólido. Las canciones eran potentes y hermosas, y asequibles para las personas que no tienen ningún conocimiento del español. Hay muchos artistas que las cantan mejor, pero yo estaba en una posición para llevarlas al escenario mundial en ese momento, y la gente se identificó con eso.

Comencé a hacer los preparativos para montar un espectáculo. Yo era amiga de Michael Smuin, quien había sido director artístico del Ballet de San Francisco durante varios años. Era un bailarín y coreógrafo increíble, había hecho una maravillosa producción para *Romeo y Julieta*, y una versión de *Les Enfants du Paradis*, con un tema de Edith Piaf que me encantaba. También había hecho la coreografía de varios temas cortos para las pistas de mis grabaciones con Nelson Riddle, y tuve la emocionante oportunidad de interpretarlas en vivo con la bailarina Cynthia Gregory. Tuve que mantener los ojos bien cerrados cuando estaba en el escenario con Cynthia, porque si la miraba, quedaría hipnotizada por su baile, permanecería con la boca abierta y me olvidaría de cantar. Michael estaba casado con Paula Tracy, también bailarina, y maestra de ballet en muchas obras de su marido. Éramos muy amigas.

Yo quería un director de escena que supiera cómo mover a los grupos de bailarines por el escenario, pero estaba dispuesta a respetar la integridad de las danzas tradicionales y a dejarlas intactas. También quería un espectáculo teatral con una buena producción que acompañara la música y la hiciera más comprensible para el público de habla inglesa.

Llamé a otro querido amigo, Tony Walton, y le pedí que diseñara los escenarios. Sus créditos en el cine incluyen el diseño de escenarios y vestuarios para *Asesinato en el Expreso de Oriente*, *Mary Poppins*, y *All That Jazz*, por la cual recibió un Oscar. También había diseñado un gran número de exitosos espectáculos en Broadway y muchos ballets de Michael Smuin. Él y su esposa Gen eran amigos cercanos de los Smuin.

Empecé a reunir imágenes del aspecto que quería para mi espectáculo, y Michael, Paula y yo pasamos muchas horas hablando y soñando juntos. Paula había ido a Oaxaca, el estado en el sur de México famoso por sus artesanías, y había traído una pequeña caja de madera pintada a mano con esmalte negro, con rosas rosadas y otras flores multicolores. Pensé que podía utilizar ese diseño para nuestra obra. Tony la hizo realidad y la complementó con muchas ideas suyas, que eran maravillosas e incluían un ventilador enorme que se encendía al comienzo del espectáculo, así como un tren en movimiento durante una sección de canciones que yo cantaba sobre la Revolución Mexicana. Jules Fisher trabajó como diseñador de iluminación. Michael construyó un escenario envuelto en niebla e iluminado con luz negra, para acompañar un baile y una canción sobre un barco fantasma que tenía las velas hechas jirones ("La Barca de Guaymas"), y también se le ocurrió la idea de lanzar palomas vivas al final del espectáculo. Dos de ellas fueron entrenadas para posarse en mis manos. El entrenador de las palomas me aconsejó que debía elogiarlas con mucho entusiasmo y decirles que hacían un trabajo maravilloso. Las palomas no me fallaron una sola vez.

Le pedí a Manuel Cuevas, quien había diseñado la ropa vaquera que Dolly, Emmy, y yo habíamos llevado en la portada del álbum *Trio*, que diseñara mis trajes. Manuel también había diseñado los trajes usados por los Flying Burrito Brothers para Nudie, el famoso diseñador de ropa. La mayoría de las personas no saben que los lujosos y sofisticados trajes de vaquero usados por famosas estrellas de cine como Roy Rogers, Dale Evans, Gene Autry, y mi héroe de la infancia, Hopalong Cassidy, son diseños tradicionales mexicanos. Las camisas vaqueras con broches de perlas son usadas por los vaqueros de Sonora y Chihuahua. Los vaqueros americanos, especialmente en Texas, Arizona y Nuevo México, adoptaron este estilo de ropa. Los sombreros y las botas de vaquero también son importadas del norte de México, y actualmente son utilizadas por los vaqueros y rancheros del desierto de Sonora, donde nació mi abuelo. En México, puedes saber de dónde es una persona por el estilo de su ropa. Manuel, que nació en Michoacán, sabía que mi familia era originaria de Sonora, y me confeccionó vestidos de ese estado. También me hizo unas botas vaqueras sumamente cómodas, con costuras hermosas, y faldas de sarga en lana fina, así como chaquetas vaqueras bordadas. Me enseñó a torcer el hilo mientras bordaba el diseño, para que los bordados brillaran con las luces del escenario. Cuando se trata de vestuario para un escenario, Manuel es el gran maestro. Sus diseños para Elvis Presley, Johnny Cash, George Jones, Glen Campbell, y muchos otros se convirtieron en la definición del vaquero "rhinestone".

Los trajes de charro que llevan los mariachis también son ropas de jinete, pero provienen del estado de Jalisco, donde surgieron los mariachis. Era el esmoquin de los terratenientes ricos, que cabalgaban las largas distancias que separaban los ranchos para asistir a eventos sociales. Son trajes ricamente bordados, y las sillas de montar, las bridas, las hebillas de los cinturones y las espuelas resplandecen con accesorios de plata de ley. Cuando mi hermana y yo estábamos pequeñas, nos imaginábamos que éramos raptadas por un jinete, así como las heroínas son raptadas por sus héroes en el cine mexicano. Cuando íbamos a bailes y picnics en México, mi padre estaba cerca para garantizar que nada de eso sucediera. En aquellos días, las costumbres mexicanas eran anticuadas y provenían del siglo XIX, y las muchachas siempre salían acompañadas mientras estaban solteras.

Después de comenzar a hacer giras frecuentes con el espectáculo mexicano, en ciertas ocasiones hacía una *charreada*, que es una especie de rodeo donde los charros se reúnen para mostrar sus habilidades en el manejo del ganado. Las charreadas están acompañadas de música, y los cantantes suelen cantar montados en un caballo. Las jinetes que compiten llevan sombreros enormes y vestidos largos con un círculo doble en sus faldas de encaje, y se montan de lado. No se considera adecuado que una dama monte un caballo con las piernas separadas. Estas mujeres son muy temerarias y ejecutan maniobras a gran velocidad, con las piernas cruzadas a un lado, mientras sus botas delicadas resplandecen.

Cuando me invitaron a tocar en mi primera charreada, sabía que todos esperaban que yo cantara montada en un caballo con las piernas a un lado. Nunca había hecho esto, pero mi hermana sí, y decidí que sería capaz de hacerlo cuando participara en la charreada. Lo primero que hice fue examinar a Chulo, el caballo castrado que me habían prestado, que era grande y hermoso, para asegurarme de que no se asustara con la música. Le pedí a uno de los músicos del mariachi que tocara una trompeta al lado de su oído y Chulo ni siquiera parpadeó. Luego me monté de lado. Toda la vida he montado a caballo, pero una buena comparación con esta experiencia sería pedirle a una persona que ha conducido un coche toda su vida que conduzca por una autopista sentada en el volante. Me pareció que montarme de lado era un acto casi suicida. Me disponía a apearme de Chulo y cantar mis canciones en el centro de la arena cuando vi mi reflejo en la ventanilla de un coche. La combinación de mi falda ancha con mi sombrero enorme, y el hecho de estar sentada en el hermoso caballo, producía un efecto deslumbrante. La vanidad fue la protagonista del día.

Cabalgué en la arena y empecé a cantar. En una charreada, los asistentes te tiran prendas de ropa si les caes bien. Después de cantar unas pocas líneas, comenzaron a lloverme sombreros, pañuelos y suéteres. Me preocupaba que esto pudiera asustar a Chulo, pero él permaneció calmado. Mientras doblaba la primera esquina, el sistema de sonido comenzó a emitir un pitido fuerte que era molesto para mis oídos, y que seguramente tenía frecuencias por fuera del rango del oído humano, y que eran insoportables para el sensible sistema auditivo de los caballos.

Chulo empezó a saltar y a mover la cabeza, desesperado por alejarse del chillido agudo. Traté de hablarle y le acaricié el cuello para tranquilizarlo, pero yo tenía que seguir cantando. El micrófono amplificaba mi canto en español, pero también amplificó mis súplicas en inglés para que no me tumbara al suelo y me dejara tendida en la arena con el cuello fracturado. Finalmente resolví el problema llevándolo a la esquina opuesta al lugar del cual provenía el pitido.

Cuando terminó el espectáculo, abracé a Chulo y le agradecí por no tumbarme. Le pregunté a su dueño si me lo vendía para montarlo en otras charreadas. El propietario me lo regaló, y Chulo viajó conmigo al Norte de California, donde yo tenía otros caballos, así como a Luna y a Sweet Pea. Por desgracia, Chulo se lesionó una pata mientras viajaba en el remolque, y nunca tocamos juntos en ningún otro espectáculo. Pasó el resto de sus días recorriendo grandes extensiones de pasto verde en compañía de otros caballos. Creo que fue un cambio agradable para él, pues la vida de los caballos que trabajan con los charros es ciertamente dura.

Dimos el primer concierto de la gira Canciones de mi Padre en San Antonio, Texas. Habíamos anunciado con mucha claridad que todo el espectáculo sería en español, pero no sabía si la gente esperaba seguir escuchando "Blue Bayou" y otros éxitos míos en inglés. Programamos la gira en muchos lugares en los que había tocado con mi banda de rock y con Nelson Riddle. Yo no sabía si la gente iría a los conciertos. La venta de entradas por anticipado no había sido muy buena, y nos preocupaba que fuera una mala señal. Pero cuando salí por primera vez al escenario y miré al público a través de las luces brillantes, me sorprendió lo que vi esa noche y en toda la gira: los teatros estaban llenos, y en su mayoría con personas entusiastas de origen mexicano. Aprendí que las audiencias mexicanas no suelen comprar los boletos con antelación, y más bien los adquieren en la taquilla la noche del concierto, a los que asisten con toda la familia, con sus abuelas y sus pequeños hijos. El espectáculo Canciones había atraído a una audiencia completamente diferente a las de mis giras anteriores. Todos sabían las canciones y las cantaban conmigo, especialmente los abuelos, quienes habían cortejado a sus novias con muchas de esas canciones. Para mi alivio, nadie me pidió que cantara "Blue Bayou" o "Heat Wave".

Los conciertos mexicanos son los favoritos de toda mi carrera. Yo cantaba dos o tres canciones, me cambiaba de traje, y salía a tiempo para ver a los bailarines. Nunca me sentí cansada. Los músicos eran estelares y los cantantes también eran excelentes; todas las noches aprendía de ellos. Los miembros de nuestra compañía itinerante se hicieron cercanos de inmediato, y no sentí la soledad que había experimentado en mis giras anteriores. Cuando viajaba de noche en autobús, me quedaba dormida con el sonido de las voces que hablaban en una mezcla de español e inglés, al igual que en mi infancia. Después de la experiencia tan surrealista de estar atrapada en la maquinaria despiadada de las celebridades americanas, sentí que podía recuperar un elemento esencial de lo que había sido yo: una niña del desierto de Sonora.

En 1991 grabé un segundo álbum, *Mas Canciones*, de nuevo con Rubén y Peter como productores. Paula, la esposa de Michael Smuin, diseñó y dirigió una versión más simple del espectáculo, que también incluía bailarines y era lo bastante flexible como para presentarlo en el Carnegie Hall o en una feria estatal. Esta versión simple me gustó incluso más que la elaborada. Simplemente con los cambios en el colorido vestuario de los bailarines, la producción ya tenía un gran valor. El Mariachi Los Camperos, que fue el grupo de mis conciertos mexicanos en los próximos veinte años, hacía una parte del espectáculo, el cual electrizaba siempre a la audiencia. Entre todos los mariachis de primer nivel de la época, ellos eran los más tradicionales, con sedosos tríos vocales y las sensacionales interpretaciones en solitario de Ismael Hernández, mi cantante favorito de la banda. Su potente estilo de tenor para cantar rancheras sacudía a la audiencia como un cañonazo y me hacía gritar y saltar de emoción. Mi recuerdo favorito durante estas giras es estar sentada en silencio junto a Paula a un lado del escenario, tratando de calmar mis nervios, y esperando a que ella señalara las luces y comenzara el espectáculo.

Fotografía de Robert Blakeman/Sarah A. Friedman.

19

Cry Like a Rainstorm

DESPUÉS DE CANTAR OCHO funciones a la semana en *Piratas*, de mis dificultades con la *Bohème*, de salir de gira con Nelson Riddle y mi orquesta, y de pasar otro año presentando el espectáculo mexicano, yo había encontrado fortalezas y sonidos en mi voz desconocidos para mí. Me estaba preparando para lanzar otro disco en inglés, y llamé a algunos amigos compositores, quienes habían compuesto muchas canciones serias y bien elaboradas. Entre ellos estaban Eric Kaz, Karla Bonoff y Jimmy Webb.

Haber cantado tantos estilos musicales y tan diversos entre sí, me permitió aprender que hay infinitas maneras de abordar la producción vocal del sonido y que la mayoría de las decisiones acerca de cómo escogerlos sucede a nivel inconsciente. Estas decisiones se erigen a gran velocidad en un compartimiento posterior del cerebro, el cual recibe información sobre la historia que debe ser contada con mayor urgencia y cómo se debe enmarcar esa historia. Si esto sucedía a un nivel consciente, tendría que pasar una semana antes de que un respiro me permitiera cantar la primera nota. Yo me limitaba a ver cómo sucedía esto, y muchas veces me sorprendía con el resultado.

Al cantar piezas clásicas de compositores como Puccini, las vocales se vuelven muy importantes, y el sonido se prolonga en un *aah*, o en una *o* grande y abierta. Con una canción estándar —por ejemplo, con la canción "Bewitched, Bothered and Bewildered", de Rodgers y Hart— uno puede volar a toda velocidad a través de las vocales y chocar contra las consonantes sin siquiera

pisar el freno. Las consonantes del comienzo y del final son realmente importantes. La segunda mitad del verso de "Bewitched"
es particularmente rica en este sentido:

> Love's the same old sad sensation (El amor es la misma
> triste vieja sensación) [lo cual supone lidiar con una
> gran cantidad de sibilancia y aliteración]
> Lately, I've not slept a wink (Últimamente, no he pegado
> el ojo) [más sibilancias y una *k* particularmente dura
> contra la cual chocar]

Jimmy Webb es uno de los pocos compositores modernos com-
parables a los viejos maestros como Rodgers y Hart en el arte
de componer canciones, incluyendo la capacidad de escribir una
canción pop con la sofisticación musical suficiente para que una
orquesta logre un poco de tracción. Hacia el final de su magistral "Still Within the Sound of my Voice", Jimmy ofrece la oportunidad de golpear sin piedad un esquema de rima interna:

> And are you still within the sound of my *voice*
> Why don't you let me *know*, I just can't let you *go*
> If it's wrong, then I have no *choice*
> But to love you un*til* I no longer have the *will*
> Are you *still* within the sound of my *voice*

> (Y sigues en el sonido de mi *voz*
> Por qué no me dejas saber, simplemente no puedo
> dejarte *ir*
> Si es malo, entonces no tengo otra *opción*
> Que amarte *hasta* que ya no tenga la *voluntad*
> Sigues en el sonido de mi *voz*)

Jimmy Webb me parece un compositor asombroso. Sus canciones son difíciles, pero el dividendo emocional hace que valga la pena el riesgo que debe correr un cantante para escalar la enorme gama melódica que tienen sus composiciones. El peso de los sentimientos se comprime en la forma en que sus acordes son cantados y puede provocar una fuerte respuesta emocional en las primeras melodías de la introducción, antes de que el cantante empiece a cantar. Comparado con otro maestro contemporáneo—por ejemplo, con Brian Wilson de los Beach Boys—Jimmy no ofrece palabras que den un acceso fácil a un sonido vocal hermoso. Es precisamente esta cualidad la que le confiere a sus canciones ese encanto extraño, mientras que Brian escribe letras que canta a la perfección. Cuando grabé "Don't Talk (Put Your Head on My Shoulder)", así como "In My Room", comprendí que sus canciones tampoco son fáciles, y me recordaron a un hermoso caballo que te dará el paseo más suave de tu vida si sabes cabalgarlo. Jimmy, por otro lado, podría tumbarte mientras giras a un lado. Los sonidos derivados de las letras de Jimmy están unidos a su estilo vocal: una dulzura de corista infantil, fortificada por un acento más rico y recio de chico granjero de Oklahoma. Me fascina su forma de cantar.

Cuando Peter Asher y yo comenzamos a grabar el álbum *Cry Like a Rainstorm,* nuestra mejor colaboración en mi opinión, Jimmy me escribió un arreglo orquestal de su melancólica canción "Adios", con Brian Wilson cantando las armonías complejas de respaldo. Había conocido brevemente a Brian en la época del Troubadour, cuando él se separó por un tiempo de su primera esposa. Siempre fue dulce y amable, y nunca me presionó para que tuviéramos un romance. Varias veces lo descubrí en mi puerta trasera, observando un puñado de monedas que tenía en la mano, y decía tener diez o quince centavos menos de lo que valía una botella de jugo de uva, el cual debía tomar para un problema de salud que le preocupaba. No dijo de qué se trataba, ni yo se lo pregunté. Simplemente le daba los diez o quince centavos, y subíamos a su enorme convertible con la capota siempre abajo, la parte de atrás llena con una gran cantidad de ropa sucia. Parecía tener dificultades con sus tareas domésticas cuando vivía solo, y yo le decía que fuéramos a la lavandería, donde llenábamos una hilera de máquinas (yo tenía muchas monedas de veinticinco centavos). Después, nos sentábamos en la sala de mi casa, tomábamos jugo de uva, y escuchábamos mi pequeña colección de discos de Phil Spector, un compositor que le gustaba mucho a Brian.

Bajo la dirección de Brian, grabamos sus partes de armonía para "Adios", con cinco pistas separadas y cantadas al unísono en cada una de las tres partes, para un total de quince pistas vocales. A Brian no parecía preocuparle si algunas de las pistas estaban ligeramente desentonadas, y aprovechaba el leve efecto "a coro" producido cuando regresaba a la sala de control y mezclaba las pistas de armonía con una suavidad vocal inmediatamente reconocible como la música de los Beach Boys.

Brian hacía las armonías sobre la marcha, pero a veces, cuando tenía dificultades para resolver una sección complicada, se reprendía a sí mismo y decía que necesitaba trabajar un rato en el piano. Sin embargo, cuando lo hacía, no tocaba ninguna parte de "Adiós", sino una canción boogie-woogie, muy fuerte y en un tono diferente. Pocos minutos después, regresaba al micrófono y cantaba las partes a la perfección, sin una pizca de vacilación.

Cuando trabajé con Nelson, me acostumbré mal debido a la enorme resonancia acústica de la orquesta, y siempre quería más. Peter, cuya madre había sido profesora de oboe en la Real Academia de Música de Londres, compartió mi entusiasmo.

Durante muchos años, la tendencia había sido grabar en habitaciones pequeñas y aisladas, y añadir adornos electrónicos en forma de eco y ecualización. Yo quería hacer un disco que tuviera una gran cantidad de sonido ambiente y natural, y a partir del álbum *Cry Like a Rainstorm, Howl Like the Wind*, lo encontré en el gigantesco escenario de Skywalker Sound, en el norte de California, muy cerca de mi casa. El espacio, que fue creado para grabar partituras orquestales para el cine, tenía un sonido realmente fuerte. Al igual que otros estudios favoritos donde yo había grabado, sobre todo en el Estudio A de Capitol, el Skywalker tenía su propia huella distintiva en materia de sonido. La habitación en sí era un miembro adicional de la banda. Yo quería un gran coro para dos de las canciones, y contraté al Interfaith Gospel Choir de Oakland, un coro dirigido por Terrance Kelly. Su contribución primordial fue en la pista de la canción "Cry Like a Rainstorm," con la ingeniería de George Massenburg, quien consintió nuestra pasión compartida por el verdadero sonido de alta fidelidad. Me parece increíble que desde la invención del iPod, casi nadie escucha música en ese formato. En vez de un espacio destinado a oír música con grandes altavoces y sonido estéreo y compartir lo que uno escucha con otras personas, ahora lo hacemos en los altavoces de baja calidad que tienen los computadores portátiles, o en los espacios aislados creados por los pequeños auriculares. Eso me entristece.

Había otra cosa en mi lista de deseos: quería cantar con Aaron Neville.

El rumor se propagaba con rapidez cuando los Neville Brothers venían a tocar a Los Ángeles. El árbol telefónico musical comenzaba a zumbar, y yo recibía una llamada del bajista Bob Glaub o del guitarrista Waddy Wachtel, quienes habían tocado en varias de mis agrupaciones. Cancelábamos cualquier plan que tuviéramos para ir a escuchar a Aaron, Art, Charles y a Cyril Neville tocar una música que solo tiene un lugar de origen: Nueva Orleans. Esperábamos que Aaron cantara su primer gran éxito, "Tell It Like It Is", y gritábamos y los animábamos a todo pulmón. Un momento memorable para mí era su ardiente interpretación de la inolvidable balada "Arianne", que me dejaba casi paralizada.

El registro contratenor con el que canta Aaron, y los cinco compases de África Occidental que lo apoyan, están profundamente arraigados en la sofisticada cultura creole de la Nueva Orleans del siglo XVIII. Los hijos de las familias más ricas solían recibir su educación en París, y establecían alianzas musicales con la ópera francesa. Los tenores de la ópera barroca francesa cantaban las notas altas con un registro de falsete o con los tonos vocales más altos, que flotaban suavemente en lugar de vociferar claves de Do a todo volumen desde el pecho, como lo hacían los tenores italianos a finales del siglo XIX. Sus estilos de ornamentación vocal melismática eran regionales y celosamente guardados. Los creoles eran francófonos y católicos. En la cultura moderna, sus ritmos de cinco compases y sus notas altas en falsete de África Occidental contrastan fuertemente con los estilos protestantes e impetuosos del rhythm and blues, donde el acento está en dos y cuatro (el ritmo de fondo) en un compás de cuatro cuartos. (Para entender un compás de cinco tiempos, hay que pensar en el famoso compás y aplauso uno, dos-tres, uno-dos, de Bo Diddley). Se puede decir que el estilo de canto de Aaron tiene una relación más cercana con Jean-Philippe Rameau—el compositor de óperas barrocas francesas—que con Wilson Pickett.

Yo no conocía a los hermanos Neville, pues era demasiado

tímida para deambular detrás de los escenarios e intrigar para que me los presentaran. En 1984, fui a Nueva Orleans con Nelson Riddle para cantar en la Feria Mundial. La noche del espectáculo, Plas Johnson, nuestro saxofonista de Luisiana, nos dijo que los hermanos Neville darían un concierto esa misma noche en uno de los escenarios de la Feria. Cuando terminé mi presentación, me cambié de ropa y me puse un vestido de algodón liviano para sentirme fresca en la humedad pegajosa de Nueva Orleans. Todos los miembros de mi banda y algunos que me acompañaban en la gira se subieron conmigo a un par de autos y nos apresuramos para ver a los hermanos Neville. Estaban tocando en su ciudad natal, y realmente eran asombrosos.

Aaron anunció que estaba yo entre el público y dijo que quería dedicarme la próxima canción. Empezó a cantarla y vi que era "Arianne". Me sentí hipnotizada. Cuando terminó la canción, me invitó a subir al escenario y cantar con ellos. Esto es algo que no hago nunca, a menos que conozca muy bien al músico y haya tenido la oportunidad de ensayar, pero yo no iba a rechazar a Aaron después de oírlo cantar "Arianne". Sin embargo, no tenía idea de lo que haría cuando subiera al escenario. Aaron se inclinó y dijo que iban a cantar un poco de doo-wop. Me sentí aliviada, pues yo era soprano. Canté un falsete alto por encima de Aaron y me preparé para el resto de la velada.

A la mañana siguiente, desperté en mi habitación del Hotel Royal Orleans y recordé la emoción de haber cantado con Aaron la noche anterior. Pensé que nuestras voces sonaban bien juntas, y que grabar con él podría ser una idea genial. Luego tuve un pensamiento que no era tan agradable. Obviamente, yo creía que habíamos sonado bien, pero cualquiera suena bien si canta con Aaron Neville. Continué con mi gira y me dediqué a tener sueños más alcanzables.

Unos meses más tarde, me sorprendí al enterarme de que el

mánager de Aaron había llamado para invitarme a cantar con él en un concierto en beneficio de una organización llamada New Orleans Artists Against Hunger and Homelessness (Artistas de Nueva Orleans contra el Hambre y la Mendicidad). Aaron se había asociado con Allen Toussaint, el legendario compositor y productor discográfico de Nueva Orleans, y con Jane Remson, una monja católica encantadora y brillante, con el fin de recaudar fondos para la organización y mejorar las instalaciones deficientes que atienden a las personas sin hogar. Cualquier resentimiento que yo tuviera luego de mis experiencias con las monjas de San Pedro y San Pablo desapareció tras el gran encanto de la Hermana Jane y de su enfoque compasivo y eficaz para la resolución de problemas. Ella, junto con la Hermana Helen Prejean, también de New Orleans, forman parte de un grupo pequeño y decidido de monjas católicas que, a pesar de la actitud ignorante y retrógrada de la jerarquía eclesiástica y de sus intentos para obstaculizar su misión, continúan haciendo una labor excelente con los menos afortunados. Ellas son mis heroínas.

Viajé a Nueva Orleans sin saber muy bien qué iba a cantar. Aaron y yo habíamos estudiado en escuelas católicas y conocíamos el "Ave María" de Franz Schubert desde la infancia. Mi hermano Peter lo había cantado como solista en todo el país con el Coro Infantil de Tucson Arizona. Aaron me dijo que había pensado en esta obra mientras pasaba por una fuerte crisis; sintió que el Ave María lo había salvado y acostumbraba cantarlo en sus presentaciones. Ambos conocíamos la melodía y las palabras en latín, y decidimos cantarlo juntos. Aaron recuerda que me pidió firmarle una fotografía que nos habíamos tomado, y le escribí: "Para Aaron: cantaré contigo en cualquier momento, en cualquier lugar y en cualquier tono". Empezamos a discutir la posibilidad de grabar juntos.

Escogí cuatro canciones para cantar con Aaron. Dos de

ellas, "Don't Know Much" y "All My Life", se convirtieron en éxitos ganadores del Grammy. Aaron estuvo nervioso en la ceremonia de los Grammy y por poco se olvida de su mayor prioridad, que era darle las gracias a su amada esposa Joel. Es muy común sentir nervios y otros sentimientos incómodos en ese tipo de eventos. Es maravilloso que el trabajo de uno sea reconocido, pero los premios casi nunca han sido importantes para mí, ya que por lo general sé si lo he hecho bien o no, y casi siempre quedo insatisfecha con mi rendimiento. En ese caso, no hay premio que pueda mitigar la sensación de pensar que debería haberlo hecho mejor.

La primera vez que gané un Grammy, en 1975, no esperaba hacerlo y no había preparado nada qué decir. Masculle torpemente un agradecimiento a Peter Asher, los reporteros me tomaran fotos, y luego fui al baño. La cantante de jazz Sarah Vaughan estaba programada para cantar esa noche y yo quería verla. Comenzaría a cantar muy pronto, así que corrí hacia la puerta del baño mientras alguien se apresuraba a salir. Me golpeé la cara contra la puerta mientras corría a toda velocidad, y pasé el resto de la noche sentada en la audiencia con el pómulo completamente hinchado. Para mí, ganar un premio significa que mi nombre es anunciado, me pongo muy nerviosa, y luego me golpeo la cara.

Aaron nos pidió a George Massenburg y a mí que produjéramos un álbum para él. Quería incluir el "Ave María", pues tenía un significado muy personal para él. Sugerí acompañarlo con un coro infantil, tal como se lo había escuchado cantar a mi hermano. Grabamos en la Catedral de la Gracia en San Francisco. Participé como soprano, armonizando con Aaron hacia el final del tema. La gente suele decir que Aaron canta como un ángel. En ese sentido, él era el más poderoso de los arcángeles.

Con mi hija.

21

Viviendo el sueño

ENTRE LOS CUARENTA Y los cincuenta años, logré una voz completamente madura y con un repertorio vocal tan diverso como podría desear, alcanzando uno de mis mejores momentos como cantante. Grabé dos álbumes que ganaron el Grammy, entre otros premios: *Frenesí* (1992), completamente en español, y *Dedicated to the One I Love* (1996), un disco que grabé para hacer dormir a mis pequeños hijos. También grabé *Trio II* (1999), con Dolly Parton y Emmylou Harris, y *Western Wall: The Tucson Sessions* (1999), un álbum de duetos con Emmylou.

Uno de mis proyectos favoritos de esa época fue la versión grabada de *Fausto*, un musical de Randy Newman basado en la clásica leyenda alemana. Lo presentamos en los escenarios, y contó con un elenco conformado por Don Henley como Henry Fausto, James Taylor como Dios, Elton John como Rick —un arcángel—, Randy como el Diablo, Bonnie Raitt como Martha —una chica frívola—, y yo como Margaret, la ingenua que es aniquilada por Fausto.

Las canciones de Randy pueden ser sombrías. Para no parecer un hombre duro, les agrega un poco de confort tan exiguo que parece sacado de Dickens. Sus canciones están muy bien elaboradas, con una tensión musical producto de una mezcla de esperanza y desesperación. En sus orquestaciones, él puede comentar el relato narrado por el cantante, utilizando los instrumentos para lanzar golpes. Cantar uno de sus arreglos puede asemejarse al hecho de participar en una discusión ruidosa, con personas de inteligencia y sensibilidad desiguales, y con una perspicacia vehemente y belicosa. Él es más duro consigo mismo que con cualquier otro, y durante las sesiones de grabación hace desternillar de la risa a la orquesta, bromeando con frecuencia sobre su incompetencia como conductor musical. Cualquiera que puedan ser estas incompetencias, se las arregla para hacer el trabajo, y muy bien.

Tal como suele suceder, mi voz empezó a cambiar después de cumplir cincuenta años. Reprogramé mi forma de cantar y busqué otras formas de contar historias con mi nueva voz. Mi última grabación en solitario, *Hummin' to Myself*, de 2004, es una colección de canciones estándar grabadas con un pequeño grupo de jazz con cello y violín. Eugene Drucker, el violinista del Emerson String Quartet, interpretó el arreglo que había hecho Cole Porter de "Miss Otis Regrets", un tema de Alan Broadbent escrito para piano, violín, cello y contrabajo. Drucker es un músico de una habilidad deslumbrante, y cuando sacó su violín de la caja y comenzó a tocar, el sonido que salió de su instrumento nos sorprendió. Todos queríamos saber qué marca era su violín. Era un Stradivarius, fabricado en Cremona, Italia, en 1686. Por supuesto, se necesita un músico con la capacidad de Drucker para sacarle unas notas tan hermosas a un Stradivarius. A su lado estaba su esposa Roberta Cooper, una música excelente que toca con la Filarmónica de Westchester. Su violonchelo, también de Cremona, fue elaborado un año antes que el Stradivarius por el famoso luthier Francesco Ruggieri. Me imaginé que los dos instrumentos se habían encontrado durante sus largos y arriesgados viajes a través de los siglos, y me pregunté si, estando al cuidado de esta pareja tan sumamente talentosa, se sentirían como si fueran viejos amigos finalmente reunidos.

El último disco que hice antes de retirarme definitivamente del canto lo grabé en Luisiana con mi amiga Ann Savoy.

Los Savoy son una familia con un talento y unas habilidades aparentemente ilimitadas, y ocupan un lugar primordial en el mundo de la música cajún. Viven en Eunice, Luisiana, en una granja que ha pertenecido por siete generaciones a esta familia. Marc Savoy, el marido de Ann, elabora artesanalmente los fabulosos acordeones acadianos que son apreciados por los maestros del acordeón cajún, siendo Marc uno de ellos. Él ha fabricado estos acordeones desde 1960, y cuando levanta su cabeza grande y hermosa para darle el compás a un tema cajún, se convierte en uno de los grandes dioses del ritmo y la alegría. Marc puede ser espinoso y de mal humor, y los amigos de Ann se burlan de ella y le dicen que está casada con el "Heathcliff Cajún". Él tiene una licenciatura en ingeniería química, pero prefiere trabajar la madera. A veces inclina la cabeza hacia atrás y ruge, "¡Emborrachémonos y rodemos por la hierba!", y luego te sorprende con una sensibilidad refinada y unos modales corteses. Recuerdo haberlo encontrado en un momento raro cuando no estaba ocupado desplumando un pollo, preparando morcilla, o fabricando un hermoso acordeón; le dije que Ann y yo habíamos visto la reciente versión cinematográfica de *Orgullo y prejuicio*, con Keira Knightley, y que me había motivado a leer el libro de Jane Austen por enésima vez.

—Oh —respondió pensativo—, Acabo de releer *Persuasión*.

Ann es una verdadera belleza, con piel de alabastro, pelo negro, pecas completamente pálidas y ojos oscuros ligeramente inclinados hacia abajo en los bordes exteriores. Tiene un perfil clásico griego y un vestigio Nativo-americano en su rostro. Al igual que su marido, es una experta en las culturas cajún y creole de Luisiana. Interpreta ritmos golpeados en su gran guitarra Archtop y parece tener una resistencia biónica, pues no se cansa de tocar su instrumento en los bailes cajún. Nació en Virginia y estudió arte en París; habla bien el francés parisino pero también puede hablar y cantar como una verdadera cajún. Cuando no toca la guitarra, se sienta en su máquina de coser y confecciona un lindo vestido para el próximo baile, concierto, o festival folclórico en cualquier lugar del mundo, a los que asiste con frecuencia.

Acostumbra confeccionar vestidos de los años veinte, los cuales le quedan fabulosos.

Además de cantar con la Savoy Family Cajun Band—conformada por Ann, su marido y sus dos hijos—Ann graba y canta en un grupo femenino llamado Magnolia Sisters. Interpretan canciones cajún muy antiguas en francés, recopiladas por ella, y acompañadas por guitarras, violines y acordeón. Las Magnolia Sisters tienen un sonido simple y encantador, unas armonías cambiantes, y son maravillosas cuando cantan en coro sin acompañamiento instrumental.

Ann y Marc tienen dos hermosas hijas que viven en París. Sarah toca en una banda cajún y Anna Gabrielle es una talentosa artista visual. Sus hijos no solo tocan en la banda de la familia Savoy; también lo hacen en otras igualmente geniales. Estas bandas están integradas por las nuevas generaciones de músicos Cajún/Creole, dedicadas a preservar la tradición. Joel, un luthier que hace guitarras, también produce y graba en el estudio que construyó en la granja de su familia. Toca violín cajún, y guitarra en jazz gitano. Wilson, su hermano menor, es un artista fascinante que toca un piano honky-tonk con influencias de blues y canta clásicos de Ray Charles en francés. Hay un flujo constante de música que sale de la cocina de Ann, de su sala de estar, del patio donde Marc cocina algo delicioso a la parrilla, o del estudio donde graban sus hijos.

Cuando Ann y yo nos conocimos en 1989, descubrimos que teníamos una cantidad asombrosa de cosas en común. Nos gustaban las mismas canciones, así como el arte, los muebles, los libros, las telas, y el diseño de principios del siglo XX. Teníamos incluso las mismas tazas de té en los estantes de nuestras salas. La vida que llevan Marc y Ann en su granja se parece mucho a la forma en que yo me crié, donde las actividades más importantes eran la música y las comidas tradicionales en familia.

Las cuidadosas instrucciones que dejó mi abuelo Fred Ronstadt para fabricar vagones o calesas fueron encontradas entre sus papeles después de morir: cómo doblar la madera, cómo trabajar el metal en una fragua, y cómo tallar los toques finales en madera fina. También describió sus experiencias "en el camino", mientras viajaba a Los Ángeles con el Club Filarmónico Tucsonense para dar conciertos a finales de la última década del siglo XIX. Las notas meticulosas de Marc explican cómo está ensamblado un acordeón acadiano, qué tuvo que aprender para fabricarlos, y es exactamente por eso que fabrica instrumentos que suenan mejor que cualquier máquina; sus descripciones son fascinantes y muy similares en tono a lo que mi abuelo escribió hace más de un siglo.

Ann me invitó a cantar en *Evangeline Made*, un disco de canciones tradicionales cajún producido por ella, y en el que participan artistas contemporáneos. Ella viajó a Arizona, donde yo vivía con mis dos hijos; grabamos juntas y me enseñó las letras en francés. La grabación de ese proyecto fue una consecuencia natural de nuestra cálida amistad. Las dos habíamos cantado con bandas ruidosas, y queríamos hacer un disco sereno y contemplativo. Queríamos cantar sobre las pasiones de las mujeres maduras: el amor y la preocupación por nuestros hijos, el amor entre amigos cercanos y de confianza, la precariedad del amor romántico, la diferencia entre el amor que le das a los vivos y el amor que les das a los muertos, la amargura de un amor perdido pero recordado, y el amor firme y duradero que guardas por siempre.

Ann nos sugirió una gran colección de canciones para nuestro álbum *Adieu False Heart*, buena parte del cual grabamos en la granja de los Savoy en Luisiana. Escogimos los temas que nos hacían sentir que moriríamos si no lográbamos cantarlas. Escuchamos la versión de "Adieu False Heart" realizada por "Fiddlin" Arthur Smith, la hicimos más lenta y la pasamos a un tono menor y a una escala modal. Decidimos grabar solo canciones tradicionales, y luego cantamos "Walk Away Renee", el éxito pop que recordábamos de los años sesenta. Ann encontró "Marie Mouri," una canción cajún basada en un poema escrito por un esclavo del siglo XVIII, y "Parlez-moi D'Amour", una canción de un sentimiento desgarrador que fue muy popular en París entre las dos guerras mundiales. Nos manteníamos en pijama y ensayábamos las armonías, compartiendo historias sobre nuestras vidas y nuestros hijos, mientras tomábamos una gran cantidad de té negro y de café fuerte preparado por Marc. Cuando terminábamos de ensayar o de grabar, pasábamos el resto del día al lado de una fogata que Marc alimentaba con troncos enormes, y mirábamos la luna o el cielo de Luisiana a través de los árboles.

Alguien me preguntó una vez por qué cantan las personas. Yo le respondí que lo hacen por muchas de las mismas razones por las que cantan los pájaros. Cantan para su pareja, para reclamar su territorio o, simplemente, para expresar la alegría de estar vivos en un día hermoso. Los seres humanos son resentidos, tal vez más que los pájaros. Cantan para quejarse de las ofensas sufridas, y cómo evitarlas en el futuro. Cantan mientras trabajan. Cantan para que las generaciones posteriores no se olviden de aquello que soportaron, soñaron o disfrutaron las generaciones actuales.

Los elementos esenciales del canto son la voz, la musicalidad y la historia. Es raro el artista que tenga estos tres elementos en abundancia.

Gracias a la maravilla de YouTube, tuve la oportunidad de volver a escuchar el canto de Pastora Pavón, a quien oía en los discos de 78 rpm de mi padre cuando yo tenía tres años. Conocida como La Niña de los Peines, es considerada, bajo el lente de gran alcance de la historia, como una de las "cantaoras" más grandes que ha dado España. Fue emocionante escuchar su voz después de casi sesenta años, y analizar también los elementos de una gran voz que influyó fuertemente en mí cuando era pequeña, así como cuando ya era una cantante experimentada. ¿Qué es lo que hace que su canto sea inimitable, desgarrador, y capaz de saltar las barreras culturales y lingüísticas, mientras ella aborda los anhelos y expectativas más esenciales de la humanidad? ¿Qué es lo que ella comparte con otras cantantes europeas como Yanka Rupkina de Bulgaria, Amália Rodrigues de Portugal o Edith Piaf de Francia, quienes pueden hacerme sentir que me agarran del cuello y me dicen con urgencia que *debo* escuchar algo que ellas tienen para decirme, incluso cuando está en una idioma que no entiendo? No sé la respuesta.

Di mi último concierto el 7 de noviembre de 2009, en el Memorial Brady Auditorium de San Antonio. Canté con mi amado Mariachi Los Camperos, y con el maravilloso Ballet Folklórico Paso del Norte. Mi antiguo compañero de piso Adam Mitchell, un entusiasta seguidor de los Camperos, fue al concierto. Después del espectáculo, fuimos a mi hotel; nos reímos y recordamos nuestros días en Malibu, y lo despreocupados que parecíamos ser en comparación con nuestras vidas maduras, con hijos y responsabilidades que remotamente podríamos imaginar en nuestra juventud precipitada. Adam pensaba que de todas las bandas con las que yo había salido de gira, algunas eran tan buenas como Los Camperos, pero ninguna los superaba. También creía que, en las ocasiones que él me había oído cantar con una voz todavía saludable, yo nunca me había visto tan feliz o relajada en mis presentaciones como lo hice mientras daba los conciertos mexicanos. Estuve de acuerdo con él.

Epílogo

VIVO ACTUALMENTE CON MIS dos hijos, mientros los veo vivir la maravillosa y extraña transición de la adolescencia a la edad adulta. Los dos tocan instrumentos musicales, tienen un interés activo y alegre por la música, y la utilizan para procesar sus sentimientos en un ambiente privado. Este es el valor fundamental de la música, y en ese sentido me entristece que la cultura dependa tanto de delegarle su expresión musical a los profesionales. Es bueno tener héroes, pero primero deberíamos interpretar nuestros propios cantos, aunque nunca se escuchen más allá la cortina de la ducha.

Mi padre murió en su casa en 1995, acompañado por sus cuatro hijos. En las cuarenta y ocho horas que transcurrieron antes de morir, recitó de memoria una quintilla de veinte versos, nos cantó "Collar de Perlas", una hermosa canción mexicana, y nos leyó pasajes divertidos del libro que estaba leyendo, *El amor en los tiempos del cólera*, de Gabriel García Márquez. En cierto momento dejó el libro y dedicó toda su atención al extraño acto de morir. Lo enfrentó con gran coraje, y cambió mi visión de la muerte. Aunque no la acepto propiamente, ya no le temo como antes.

Mi hermana, hermanos y primos se reúnen el tercer domingo de cada mes en Tucson para disfrutar de la buena comida y cantar las viejas canciones familiares. Mis primos John y Bill Ronstadt tocan con frecuencia en los escenarios musicales de Tucson. Mi hermano Michael hace giras por los Estados Unidos, México, Canadá y las Islas Británicas con su grupo Ronstadt Generations, interpretando material original y canciones tradicionales del Suroeste. Además de mi hermano, el grupo está integrado por sus dos hijos, Mikey, que canta y toca el cello, y Petie, que canta y toca el bajo y la guitarra. Britt Ronstadt, mi hermosa prima, canta en varios grupos de rock de Tucson, y el público siempre hace una larga fila que le da la vuelta a la manzana para verla cantar. Mi sobrina Mindy Ronstadt, quien tiene diecinueve años y también vive en Tucson, grabó un dueto conmigo en español, "Y Ándale," que fue un éxito en México. Quico, el hijo de mi hermana, es cantante y compositor. Mi primo Bobby George y su esposa Susie cantan en un grupo vocal con Bobby Kimmel, mi antiguo compañero en los Stone Poneys, y quien vive de nuevo en Tucson. Mis dos hermanos y mi hermana, además de mis primos Bill y John, han participado en varias de mis grabaciones, y siempre pude confiar en sus genes para lograr una mezcla vocal completamente familiar.

La gente me pregunta por qué mi carrera ha sido tan sumamente ecléctica en lugar de limitarse simplemente a un solo un tipo de música. La respuesta es que cuando admiro algo enormemente, se me hace difícil no tratar de emularlo. Algunos de mis intentos tuvieron éxito, y otros no. La única regla que me impuse, a nivel consciente o inconsciente, fue no cantar algo que no hubiera escuchado en mi casa antes de cumplir diez años. Si no lo había oído en esa época, yo no podía lograr siquiera una pizca de autenticidad.

En ese momento, luchar con tantos tipos diferentes de música parecía una fantasía complicada, pero ahora que tengo sesenta y siete años, veo que era solo un sueño simple.

Agradecimientos

MUCHA GENTE CONTRIBUYÓ EN el proceso de ensamblaje de estas memorias y quisiera expresarles mi gratitud.

John Boylan, mi amigo, colega y compañero guerrero acompañante ha sido un gran apoyo desde que lo conocí en 1971. Un solucionador de problemas consumado, John compartió conmigo la impecable memoria que posee de los muchos momentos que vivimos juntos; hizo, además, las veces de un asistente de investigación, ayudó a reunir las fotografías y fue el principal motivador y un Sherpa de las computadoras. Su apoyo fue indispensable.

Mi asistente, Janet Stark, quien es la persona más amable que haya conocido y una de las más capaces, leía diariamente lo que yo escribía al tiempo que se las arreglaba para mantener el ritmo normal de mi vida, de manera que yo pude contar con la quietud necesaria para ordenar mis pensamientos.

John Rockwell ha sido mi amigo y mentor desde principios de la década de los setenta, y hace tiempo sugirió que yo podría ser capaz de escribir una frase con coherencia. Dado que este es mi primer intento de hacerlo, espero no haber demostrado que estaba equivocado.

My editor en Simon & Schuster, Jonathan Karp, me estimuló y retroalimentó de manera invaluable. También sugirió, con la prosa elegante de sus correos electrónicos, que escribiera acerca de personas y no sobre cada caballo que haya conocido y amado. Aun cuando me sentí un poco culpable de dejar a Gilliana, Mischief, Sugar Britches, Blue, Africa y Valentine fuera de mi libro, sé que Jonathan estaba en lo correcto acerca de eso y de muchas otras cosas más.

Philip Bashe, el corrector de estilo, hizo un trabajo tan meticuloso al arreglar mi terrible memoria, mi puntuación desastrosa y mi sintaxis incoherente que siento cómo mi cara enrojece y una profunda sensación de humildad. Desearía que esta frase fuera revisada por él. De hoy en adelante intentaré vehementemente colocar los adverbios después del verbo.

Mi agente, Steve Wasserman, me dio consejos atinados y apoyo fundamental. Estoy tan halagada como agradecida por el hecho de que haya aceptado representarme.

John Kosh ha hecho el diseño de veintiuna de las cubiertas de mis álbumes, incluidas tres ganadoras de Grammys al mejor diseño, y ha trabajado, como es su costumbre, de manera impecable en este proyecto. También soportó por días mi obsesión con la tipografía sin bloquearme en su cuenta de correo electrónico. Mi admiración, aprecio y cariño hacie él no tienen límites.

Sam Sargent ayudó con la edición y proceso de las fotografías.

Mary Clementine nos dio abrazos y apoyo. Los miembros del equipo: Peter Paterno, Wally Franson, Sue Ollweiler, and Carla Sheppard.

Finalmente, entre los primeros lectores que dieron una retroalimentación muy valiosa están Lawrence Downes, Rick Kott, Sydney Goldstein, Peter Asher, Katherine Orloff, Virginia Baker, Wendy Brigode, Cathy Patrick, Wyatt Wade y Jet Thomas.

Discografía

1. THE STONE PONEYS — *THE STONE PONEYS* — CAPITOL — ENERO DE 1967

Producido por Nik Venet

Sweet Summer Blue and Gold (B. Kimmel–K. Edwards)
If I Were You (B. Kimmel–K. Edwards)
Just a Little Bit of Rain (Fred Neil)
Bicycle Song (Soon Now) (B. Kimmel–K. Edwards)
Orion (Tom Campbell)
Wild About My Lovin' (Adaptado por B. Kimmel–L. Ronstadt–
    K. Edwards)
Back Home (Ken Edwards)
Meredith (On My Mind) (B. Kimmel–K. Edwards)
Train and the River (B. Kimmel–K. Edwards)
All the Beautiful Things (B. Kimmel–K. Edwards)
2:10 Train (Tom Campbell–Linda Albertano)

2. THE STONE PONEYS — *EVERGREEN, VOL. 2* — CAPITOL — JUNIO DE 1967

Producido por Nik Venet

December Dream (John Braheny)
Song About the Rain (Steve Gillette)
Autumn Afternoon (K. Edwards–B. Kimmel)
I've Got to Know (Pamela Polland)
Evergreen Part One (K. Edwards–B. Kimmel)
Evergreen Part Two (K. Edwards–B. Kimmel)
Different Drum (Mike Nesmith)
Driftin' (K. Edwards–B. Kimmel)
One for One (Al Silverman–Austin DeLone)
Back on the Street Again (Steve Gillette)

Toys in Time (K. Edwards–B. Kimmel)
New Hard Times (M. Smith–B. Kimmel)

3. LINDA RONSTADT — *THE STONE PONEYS AND FRIENDS,*
VOL. III — CAPITOL — ABRIL DE 1968

Producido por Nik Venet

Fragments:
Golden Song (Steve Gillette)
Merry-Go-Round (Tom Campbell)
Love Is a Child (Steve Gillette)
By the Fruits of Their Labor (Robert Kimmel–Ken Edwards)
Hobo (Tim Buckley)
Star and a Stone (Robert Kimmel–Ken Edwards)
Let's Get Together (Chet Powers)
Up to My Neck in High Muddy Water (Wakefield–Herald–Yellin)
Aren't You the Girl? (Tim Buckley)
Wings (Tim Buckley)
Some of Shelly's Blues (Mike Nesmith)
Stoney End (Laura Nyro)

4. LINDA RONSTADT — *HAND SOWN . . . HOME GROWN* —
CAPITOL — MARZO DE 1969

Producido por Chip Douglas

Baby You've Been on My Mind (Bob Dylan)
Silver Threads and Golden Needles (J. Rhodes–D. Reynolds)
Bet No One Ever Hurt This Bad (Randy Newman)
A Number and a Name (S. Gillette–T. Campbell)
The Only Mama That'll Walk the Line (Ivy J. Bryant–Earl Ball)
The Long Way Around (Ken Edwards)
Break My Mind (John D. Loudermilk)
I'll Be Your Baby Tonight (Bob Dylan)
It's About Time (Chip Douglas)
We Need a Whole Lot More of Jesus (And a Lot Less Rock & Roll)
     (Wayne Raney)
The Dolphins (Fred Neil)

5. LINDA RONSTADT — *SILK PURSE* — CAPITOL — MARZO DE 1970

Producido por Elliot Mazer

Lovesick Blues (Irving Mills–C. Friend)
Are My Thoughts with You? (Mickey Newbury)
Will You Love Me Tomorrow (Gerry Goffin–Carole King)
Nobody's (Gary White)
Louise (Paul Siebel)
Long Long Time (Gary White)
Mental Revenge (Mel Tillis)
I'm Leavin' It All Up to You (D. Terry Jr.–D. Harris)
He Darked the Sun (Bernie Leadon–Gene Clark)
Life Is Like a Mountain Railway (Trad. arr. E. Mazer–L. Ronstadt)

6. LINDA RONSTADT — *LINDA RONSTADT* — CAPITOL — ENERO DE 1972

Producido por John Boylan

Rock Me on the Water (Jackson Browne)
Crazy Arms (R. Mooney–C. Seals)
I Won't Be Hangin' Round (Eric Kaz)
I Still Miss Someone (Johnny Cash–Roy Cash)
In My Reply (Livingston Taylor)
I Fall to Pieces (Hank Cochran–Harlan Howard)
Ramblin' 'Round (Woody Guthrie–Huddie Ledbetter–
    John Lomax)
Birds (Neil Young)
I Ain't Always Been Faithful (Eric Andersen)
Rescue Me (W. C. Smith, R. Miner)

7. LINDA RONSTADT — *DON'T CRY NOW* — ASYLUM — SEPTIEMBRE DE 1973

Producido por Peter Asher, John Boylan, y John David Souther

I Can Almost See It (J. D. Souther)
Love Has No Pride (Eric Kaz–Libby Titus)
Silver Threads and Golden Needles (J. Rhodes–D. Reynolds)

Desperado (Don Henley–Glenn Frey)

Don't Cry Now (J. D. Souther)

Sail Away (Randy Newman)

Colorado (Rick Roberts)

The Fast One (J. D. Souther)

Everybody Loves a Winner (Bill Williams–Booker T. Jones)

I Believe in You (Neil Young)

8. LINDA RONSTADT — *HEART LIKE A WHEEL* — CAPITOL — NOVIEMBRE DE 1974

Producido por Peter Asher

You're No Good (Clint Ballard Jr.)

It Doesn't Matter Anymore (Paul Anka)

Faithless Love (J. D. Souther)

The Dark End of the Street (Dan Pennington–Wayne Moman)

Heart Like a Wheel (Anna McGarrigle)

When Will I Be Loved (Phil Everly)

Willin' (Lowell George)

I Can't Help It (If I'm Still In Love With You) (Hank Williams)

Keep Me From Blowing Away (Paul Craft)

You Can Close Your Eyes (James Taylor)

9. LINDA RONSTADT — *PRISONER IN DISGUISE* — ASYLUM — SEPTIEMBRE DE 1975

Producido por Peter Asher

Love Is a Rose (Neil Young)

Hey Mister, That's Me Up on the Jukebox (James Taylor)

Roll Um Easy (Lowell George)

The Tracks of My Tears (William Robinson–Marv Tarplin–Warren Moore)

Prisoner in Disguise (John David Souther)

Heat Wave (Holland–Dozier–Holland)

Many Rivers to Cross (Jimmy Cliff)

The Sweetest Gift (con Emmylou Harris) (J. B. Coats)

You Tell Me That I'm Falling Down (Anna McGarrigle–C. S. Holland)

I Will Always Love You (Dolly Parton)
Silver Blue (John David Souther)

10. LINDA RONSTADT—*HASTEN DOWN THE WIND*—ASYLUM— AGOSTO DE 1976

Producido por Peter Asher

Lose Again (Karla Bonoff)
The Tattler (Ry Cooder–Russ Titelman–Washington Phillips)
If He's Ever Near (Karla Bonoff)
That'll Be the Day (J. Allison–Buddy Holly–Norman Petty)
Lo Siento Mi Vida (Linda Ronstadt–Kenny Edwards– Gilbert Ronstadt)
Hasten Down the Wind (Warren Zevon)
Rivers of Babylon (B. Dowe–S. McNaughton)
Give One Heart (John y Johanna Hall)
Try Me Again (Linda Ronstadt–Andrew Gold)
Crazy (Willie Nelson)
Down So Low (Tracy Nelson)
Someone to Lay Down Beside Me (Karla Bonoff)

11. LINDA RONSTADT—*SIMPLE DREAMS*—ASYLUM— AGOSTO DE 1977

Producido por Peter Asher

It's So Easy (Buddy Holly–Norman Petty)
Carmelita (Warren Zevon)
Simple Man, Simple Dream (J. D. Souther)
Sorrow Lives Here (Eric Kaz)
I Never Will Marry (Trad. arr. by Linda Ronstadt)
Blue Bayou (Roy Orbison–Joe Melson)
Poor Poor Pitiful Me (Warren Zevon)
Maybe I'm Right (Robert Wachtel)
Tumbling Dice (Mick Jagger–Keith Richards)
Old Paint (Trad. arr. de Linda Ronstadt)

12. LINDA RONSTADT — *LIVING IN THE U.S.A.* — ASYLUM — SEPTIEMBRE DE 1978

Producido por Peter Asher

Back in the U.S.A. (Chuck Berry)
When I Grow Too Old to Dream (Oscar Hammerstein II–
    Sigmund Romberg)
Just One Look (G. Carrol–D. Payne)
Alison (Elvis Costello)
White Rhythm and Blues (J. D. Souther)
All That You Dream (Paul Barrere–Bill Payne)
Ooh Baby Baby (William Robinson–Warren Moore)
Mohammed's Radio (Warren Zevon)
Blowing Away (Eric Kaz)
Love Me Tender (Elvis Presley–Vera Matson)

13. LINDA RONSTADT — *MAD LOVE* — ASYLUM — FEBRERO DE 1980

Producido por Peter Asher

Mad Love (Mark Goldenberg)
Party Girl (Elvis Costello)
How Do I Make You (Billy Steinberg)
I Can't Let Go (Chip Taylor–Al Gorgoni)
Hurt So Bad (Teddy Randazzo–Bobby Wilding–Bobby Hart)
Look Out For My Love (Neil Young)
Cost of Love (Mark Goldenberg)
Justine (Mark Goldenberg)
Girls Talk (Elvis Costello)
Talking in the Dark (Elvis Costello)

14. LINDA RONSTADT — *GET CLOSER* — ASYLUM — SEPTIEMBRE DE 1982

Producido por Peter Asher

Get Closer (Jonathan Carroll)
The Moon Is a Harsh Mistress (Jimmy Webb)

I Knew You When (Joe South)

Easy for You to Say (Jimmy Webb)

People Gonna Talk (William Wheeler–Lee Dorsey–Morris Levy–
   Clarence L. Lewis)

Talk to Me of Mendocino (Kate McGarrigle)

I Think It's Gonna Work Out Fine (con James Taylor)
   (Rose Marie McCoy–Sylvia McKinney)

Mr. Radio (Roderick Taylor)

Lies (Buddy Randell–Beau Charles)

Tell Him (Bert Russell)

Sometimes You Just Can't Win (con John David Souther)
   (Smokey Stover)

My Blue Tears (con Dolly Parton y Emmylou Harris) (Dolly Parton)

15. LINDA RONSTADT – *WHAT'S NEW* – ASYLUM – SEPTIEMBRE DE 1983

Producido por Peter Asher

What's New? (Johnny Burke–Bob Haggart)

I've Got a Crush on You (George Gershwin–Ira Gershwin)

Guess I'll Hang My Tears Out to Dry (Sammy Cahn–Jule Styne)

Crazy He Calls Me (Carl Sigman–Sidney Keith Russell)

Someone to Watch Over Me (George Gershwin–Ira Gershwin)

I Don't Stand a Ghost of a Chance With You (Bing Crosby–Ned
   Washington–Victor Young)

What'll I Do? (Irving Berlin)

Lover Man (Oh Where Can You Be?) (Jimmy Davis–Jimmy Sherman–
   Roger "Ram" Ramirez)

Good-bye (Gordon Jenkins)

16. LINDA RONSTADT – *LUSH LIFE* – ASYLUM – NOVIEMBRE DE 1984

Producido por Peter Asher

When I Fall in Love (Edward Heyman–Victor Young)

Skylark (Hoagy Carmichael– Johnny Mercer)

It Never Entered My Mind (Lorenz Hart–Richard Rodgers)

Mean to Me (Fred Ahlert–Roy Turk)
When Your Lover Has Gone (Einar Swan)
I'm a Fool to Want You (J. Herron–F. Sinatra–J. Wolf)
You Took Advantage of Me (Lorenz Hart–Richard Rodgers)
Sophisticated Lady (D. Ellington–I. Mills–M. Parrish)
Can't We Be Friends (P. James–K. Swift)
My Old Flame (Sam Coslow–Arthur Johnston)
Falling in Love Again (Frederick Hollander–Sammy Lerner)
Lush Life (Billy Strayhorn)

17. LINDA RONSTADT—*FOR SENTIMENTAL REASONS*— ASYLUM—SEPTIEMBRE DE 1986

Producido por Peter Asher

When You Wish Upon a Star (Ned Washington–Leigh Harline)
Bewitched, Bothered and Bewildered (Lorenz Hart–Richard
    Rodgers)
You Go to My Head (Haven Gillespie–Joe Fred Coots)
But Not for Me (Ira Gershwin–George Gershwin)
My Funny Valentine (Lorenz Hart–Richard Rodgers)
I Get Along Without You Very Well (Hoagy Carmichael)
Am I Blue (Grant Clarke–Harry Akst)
(I Love You) For Sentimental Reasons (Deek Watson–
    William Best)
Straighten Up and Fly Right (Nat King Cole–Irving Mills)
Little Girl Blue (Lorenz Hart–Richard Rodgers)
'Round Midnight (Bernie Hanighen–Cootie Williams–
    Thelonious Monk)

18. LINDA RONSTADT, EMMYLOU HARRIS, AND DOLLY PARTON—*TRIO*—WARNER BROS.—MARZO DE 1987

Producido por George Massenburg

The Pain of Loving You (Dolly Parton–Porter Wagoner)
Making Plans (Johnny Russell–Voni Morrison)
To Know Him Is to Love Him (Phil Spector)
Hobo's Meditation (Jimmie Rodgers)

Wildflowers (Dolly Parton)
Telling Me Lies (Linda Thompson–Betsy Cook)
My Dear Companion (Jean Ritchie)
Those Memories of You (Alan O'Bryant)
I've Had Enough (Kate McGarrigle)
Rosewood Casket (Trad.)
Farther Along (Trad.)

19. LINDA RONSTADT–*CANCIONES DE MI PADRE*–ASYLUM– SEPTIEMBRE DE 1987

Producido por Peter Asher y Rubén Fuentes

Por Un Amor (Gilberto Parra)
Los Laureles (José López)
Hay Unos Ojos (Rubén Fuentes)
La Cigarra (Ray Pérez Y Soto)
Tú Sólo Tú (Felipe Valdez Leal)
Y Ándale (Minerva Elizondo)
Rogaciano El Huapanguero (Valeriano Trejo)
La Charreada (Felipe Bermejo)
Dos Arbolitos (Chucho Martinez Gil)
Corrido de Cananea (Rubén Fuentes)
La Barca de Guaymas (Rubén Fuentes)
La Calandria (Nicandro Castillo)
El Sol Que Tú Eres (Daniel Valdez)

20. LINDA RONSTADT–*CRY LIKE A RAINSTORM, HOWL LIKE THE WIND*–ASYLUM–SEPTIEMBRE DE 1989

Producido por Peter Asher

Still Within the Sound of My Voice (Jimmy Webb)
Cry Like a Rainstorm (Eric Kaz)
All My Life (con Aaron Neville) (Karla Bonoff)
I Need You (con Aaron Neville) (Paul Carrack–Nick Lowe– Martin Belmont)
Adios (Jimmy Webb)
Trouble Again (Karla Bonoff)

I Keep It Hid (Jimmy Webb)

So Right, So Wrong (Paul Carrack–Nick Lowe–Martin Belmont)

Shattered (Jimmy Webb)

When Something Is Wrong with My Baby (con Aaron Neville)
    (Isaac Hayes–David Porter)

Goodbye My Friend (Karla Bonoff)

21. LINDA RONSTADT—*MAS CANCIONES*—ASYLUM— OCTUBRE DE 1991

Producido por George Massenburg y Rubén Fuentes

Ta Ta Dios (Valeriano Trejo)

El Toro Relajo (Felipe Bermejo)

Mi Ranchito (Felipe Valdés Leal)

La Mariquita (Rubén Fuentes)

Grítenme Piedras del Campo (Cuco Sánchez)

Siempre Hace Frio (Cuco Sánchez)

El Crucifijo de Piedra (Antonio y Roberto Cantoral)

Palomita de Ojos Negros (Tomás Méndez)

Pena de Los Amores (José Luis Almada)

El Camino (Jesús Navarro)

El Gustito (José López)

El Sueño (Nicandro Castillo)

22. LINDA RONSTADT—*FRENESÍ*—ASYLUM— NOVIEMBRE DE 1992

Producido por Peter Asher y George Massenburg

Frenesí (Alberto Domínguez)

Mentira Salomé (Ignacio Pinero)

Alma Adentro (Sylvia Rexach)

Entre Abismos (Víctor Manuel Matos)

Cuando Me Querías Tú (Emilio Catarell Vela)

Piel Canela (Bobby Capo)

Verdad Amarga (Consuelo Velázquez)

Despojos (Francisco Arrieta)

En Mi Soledad (Miguel Pous)

Piensa En Mí (Agustín Lara)

Quiéreme Mucho (Gonzalo Roig–Agustín Rodríguez)

Perfidia (Alberto Domínguez)

Te Quiero Dijiste (Maria Grever)

23. LINDA RONSTADT — *WINTER LIGHT* — ASYLUM — NOVIEMBRE DE 1993

Producido por George Massenburg y Linda Ronstadt

Heartbeats Accelerating (Anna McGarrigle)

Do What You Gotta Do (Jimmy Webb)

Anyone Who Had a Heart (Burt Bacharach–Hal David)

Don't Talk (Put Your Head on My Shoulder) (B. Wilson–A. Asher)

Oh No Not My Baby (Gerry Goffin–Carole King)

It's Too Soon to Know (Deborah Chessler)

I Just Don't Know What to Do with Myself (Burt Bacharach–Hal David)

A River for Him (Emmylou Harris)

Adónde Voy (Tish Hinojosa)

You Can't Treat the Wrong Man Right (Jimmy Webb)

Winter Light (Zbigniew Preisner–Eric Kaz–Linda Ronstadt)

24. LINDA RONSTADT — *FEELS LIKE HOME* — ASYLUM — ABRIL DE 1995

Producido por George Massenburg y Linda Ronstadt

The Waiting (Tom Petty)

Walk On (Matraca Berg–Ronnie Samoset)

High Sierra (Harley L. Allen)

After the Gold Rush (Neil Young)

The Blue Train (Jennifer Kimball–Tom Kimmel)

Feels Like Home (Randy Newman)

Teardrops Will Fall (E. V. Deane)

Morning Blues (Trad. arr. by Auldridge–Gaudreau–Coleman–Klein)

Women 'Cross the River (David Olney)

Lover's Return (A. P. Carter)

25. LINDA RONSTADT—*DEDICATED TO THE ONE I LOVE*— ELEKTRA—JUNIO DE 1996

Producido por George Massenburg y Linda Ronstadt

Dedicated to the One I Love (Lowman Pauling–Ralph Bass)
Be My Baby (Phil Spector–Jeff Barry–Ellie Greenwich)
In My Room (Brian Wilson–Gary Usher)
Devoted to You (Boudleaux Bryant)
Baby I Love You (Phil Spector–Jeff Barry–Ellie Greenwich)
Devoted to You (instrumental) (Boudleaux Bryant)
Angel Baby (Rosalie Hamlin)
We Will Rock You (Brian May)
Winter Light (Zbigniew Preisner–Eric Kaz–Linda Ronstadt)
Brahms' Lullaby (Johannes Brahms)
Good Night (John Lennon–Paul McCartney)

26. LINDA RONSTADT—*WE RAN*—ELEKTRA—JUNIO DE 1998

Producido por Glyn Johns, con George Massenburg , Peter Asher, Linda Ronstadt, y Waddy Wachtel

When We Ran (John Hiatt)
If I Should Fall Behind (Bruce Springsteen)
Give Me a Reason (M. Hall)
Ruler of My Heart (Naomi Neville)
Just Like Tom Thumb's Blues (Bob Dylan)
Cry Till My Tears Run Dry (Doc Pomus)
I Go to Pieces (Waddy Wachtel–Troy Newman)
Heartbreak Kind (Marty Stuart–Paul Kennerley)
Damage (Waddy Wachtel)
Icy Blue Heart (John Hiatt)
Dreams of the San Joaquin (Jack Wesley Routh–Randy Sharp)

27. LINDA RONSTADT, EMMYLOU HARRIS, AND DOLLY PARTON—*TRIO II*—WARNER BROS.—9 DE FEBRERO DE 1999

Producido por George Massenburg

Lover's Return (A. P. Carter)

High Sierra (Harley L. Allen)

Do I Ever Cross Your Mind (Dolly Parton)

After the Gold Rush (Neil Young)

The Blue Train (Jennifer Kimball–Tom Kimmel)

I Feel the Blues Movin' In (Del McCoury)

You'll Never Be the Sun (Donagh Long)

He Rode All the Way to Texas (John Starling)

Feels Like Home (Randy Newman)

When We're Gone, Long Gone (Kieran Kane–Paul O'Hara)

28. LINDA RONSTADT AND EMMYLOU HARRIS— *WESTERN WALL: THE TUCSON SESSIONS*—ELEKTRA— 24 DE AGOSTO DE 1999

Producido por Glyn Johns

Loving the Highway Man (Andy Prieboy)

Raise the Dead (Emmylou Harris)

For a Dancer (Jackson Browne)

Western Wall (Rosanne Cash)

1917 (David Olney)

He Was Mine (Paul Kennerley)

Sweet Spot (Emmylou Harris–Jill Cunniff)

Sisters of Mercy (Leonard Cohen)

Falling Down (Patty Griffin)

Valerie (Patti Scialfa)

This Is to Mother You (Sinead O'Connor)

All I Left Behind (Emmylou Harris–Kate y Anna
	McGarrigle)

Across the Border (Bruce Springsteen)

29. LINDA RONSTADT—*A MERRY LITTLE CHRISTMAS*— ELEKTRA—10 DE OCTUBRE DE 2000

Producido por John Boylan y George Massenburg

The Christmas Song (Mel Tormé–Robert Wells)

I'll Be Home for Christmas (Walter Kent–Kim Gannon)

White Christmas (Irving Berlin)

Have Yourself a Merry Little Christmas (Hugh Martin–
  Ralph Blane)
O Come, O Come, Emmanuel (Trad.)
Xicochi, Xicochi (Gaspar Fernández)
I Wonder as I Wander (John Jacob Niles)
Away In a Manger (Trad.)
Lo, How a Rose E're Blooming (Trad.)
Welsh Carol (Trad)
Past Three O'clock (Trad.)
O Magnum Mysterium (Tomás Luis de Victoria)
Silent Night (Josef Mohr–Franz Xaver Gruber)

30. LINDA RONSTADT—*HUMMIN' TO MYSELF*—VERVE— 9 DE NOVIEMBRE DE 2004

Producido por John Boylan y George Massenburg

Tell Him I Said Hello (Jack J. Canning–Bill Hegner)
Never Will I Marry (Frank Loesser)
Cry Me a River (Arthur Hamilton)
Hummin' to Myself (Sammy Fain–Herbert Magidson–
  Monty Siegel)
Miss Otis Regrets (Cole Porter)
I Fall in Love Too Easily (Sammy Cahn–Jule Styne)
Blue Prelude (Joe Bishop–Gordon Jenkins)
Day Dream (Duke Ellington–John Latouche–Billy Strayhorn)
I've Never Been in Love Before (Frank Loesser)
Get Out of Town (Cole Porter)
I'll Be Seeing You (Sammy Fain–Irving Kahal)

31. LINDA RONSTADT AND ANN SAVOY (THE ZOZO SISTERS)—*ADIEU FALSE HEART*—VANGUARD— 25 DE JULIO DE 2006

Producido por Steve Buckingham

Adieu False Heart (Trad.)
I Can't Get Over You (Julie Miller)
Marie Mouri (David Greely)

King of Bohemia (Richard Thompson)
Tournes, Tournes Bébé Créole (Michael Hindenoch)
Go Away from My Window (John Jacob Niles)
Burns Supper (Richard Thompson)
The One I Love Is Gone (Bill Monroe)
Rattle My Cage (Chas Justus)
Parlez-Moi d'Amour (J. Neuberger)
Too Old to Die Young (Scott Dooley–John Hadley–Kevin Welch)
Walk Away Renee (Mike Brown–Bob Calilli–Tony Sansone)

COMPILACIÓN DE ALBUMES:

1. LINDA RONSTADT — *DIFFERENT DRUM* — CAPITOL — 1974

Different Drum
Rock Me on the Water
I'll Be Your Baby Tonight
Hobo
Stoney End
Long Long Time
Up to My Neck in High Muddy Water
Some of Shelly's Blues
In My Reply
Will You Love Me Tomorrow

2. LINDA RONSTADT — *GREATEST HITS* — ASYLUM — 1976

You're No Good
Silver Threads and Golden Needles
Desperado
Love Is a Rose
That'll Be the Day
Long Long Time
Different Drum
When Will I Be Loved
Love Has No Pride
Heat Wave

It Doesn't Matter Anymore
The Tracks of My Tears

3. LINDA RONSTADT—*A RETROSPECTIVE*—CAPITOL—1977

When Will I Be Loved
Silver Threads and Golden Needles
Hobo
I Fall to Pieces
Birds
I Can't Help It (If I'm Still In Love With You)
Different Drum
Some of Shelly's Blues
I'll Be Your Baby Tonight
Louise
Long Long Time
Faithless Love
Rock Me on the Water
Lovesick Blues
Rescue Me
Just a Little Bit of Rain
The Long Way Around
You're No Good
Ramblin' Round
Crazy Arms
It Doesn't Matter Anymore
Will You Love Me Tomorrow

4. LINDA RONSTADT—*GREATEST HITS VOLUME II*—ASYLUM—1980

It's So Easy
I Can't Let Go
Hurt So Bad
Blue Bayou
How Do I Make You
Back in the U.S.A.
Ooh Baby Baby

Poor Poor Pitiful Me

Tumbling Dice

Just One Look

Someone to Lay Down Beside Me

5. LINDA RONSTADT — *'ROUND MIDNIGHT* — ASYLUM — 1986

Disco 1:

What's New

I've Got a Crush on You

Guess I'll Hang My Tears Out to Dry

Crazy He Calls Me

Someone to Watch Over Me

I Don't Stand a Ghost of a Chance

What'll I Do

Lover Man (Oh Where Can You Be)

Good-bye

When I Fall in Love

Skylark

It Never Entered My Mind

Mean to Me

When Your Lover Has Gone

I'm a Fool to Want You

Disco 2:

You Took Advantage of Me

Sophisticated Lady

Can't We Be Friends

My Old Flame

Falling in Love Again

Lush Life

When You Wish Upon a Star

Bewitched, Bothered and Bewildered

You Go to My Head

But Not for Me

My Funny Valentine

I Get Along Without You Very Well

Am I Blue

(I Love You) For Sentimental Reasons
Straighten Up and Fly Right
Little Girl Blue
'Round Midnight

6. LINDA RONSTADT—*HER GREATEST HITS AND FINEST PERFORMANCES*—READER'S DIGEST—1997

Disco 1:

Different Drum
When Will I Be Loved
You're No Good
The Tracks of My Tears
Ooh Baby Baby
Heat Wave
Hurt So Bad
It's So Easy
Long Long Time
Blue Bayou
Love Is a Rose
I Can't Help It (If I'm Still In Love With You)
Silver Threads and Golden Needles
Someone to Lay Down Beside Me
Poor Poor Pitiful Me
Love Me Tender
Crazy
Back in the U.S.A.
Get Closer
That'll Be the Day

Disco 2:

What's New
But Not for Me
Am I Blue
When I Fall in Love
Bewitched, Bothered and Bewildered
You Took Advantage of Me

Someone to Watch Over Me
Lush Life
Straighten Up and Fly Right
What'll I Do
My Funny Valentine
(I Love You) For Sentimental Reasons
When You Wish Upon a Star
Falling in Love Again
Little Girl Blue
Skylark
I've Got a Crush on You
It Never Entered My Mind
Sophisticated Lady
Lover Man (Oh Where Can You Be?)

Disco 3:

Somewhere Out There
All My Life
I Think It's Gonna Work Out Fine
Sometimes You Just Can't Win
Don't Know Much
La Calandria
Telling Me Lies
To Know Him Is to Love Him
My Dear Companion
I've Had Enough
Poor Wandering One
I Want a Horse
Winter Light
When I Grow Too Old to Dream
It Doesn't Matter Anymore
Try Me Again
Desperado
I Keep It Hid
Goodbye My Friend
Adios

7. LINDA RONSTADT—BOX SET—RHINO—1997

Disco 1:

When We Ran
Ruler of My Heart
Cry Till My Tears Run Dry
We Will Rock You
Winter Light
Anyone Who Had a Heart
I Just Don't Know What to Do with Myself
Don't Talk (Put Your Head on My Shoulder)
Do What You Gotta Do
Heartbeats Accelerating
Goodbye My Friend
Adios
Cry Like a Rainstorm
Trouble Again
Easy for You to Say
The Moon Is a Harsh Mistress
Get Closer
Hurt So Bad
I Can't Let Go
Ooh Baby Baby
Just One Look
Poor Poor Pitiful Me

Disco2:

Blue Bayou
Try Me Again
Heat Wave
Heart Like a Wheel
It Doesn't Matter Anymore
You're No Good
When Will I Be Loved
Long Long Time
Different Drum
Little Girl Blue

I Get Along Without You Very Well
My Funny Valentine
When You Wish Upon a Star
It Never Entered My Mind
Skylark
What's New
Quiéreme Mucho
Frenesí
Mentira Salome
La Mariquita
El Crucifijo de Piedra

Disco 3:

High Sierra (con Dolly Parton y Emmylou Harris)
Lover's Return (con Dolly Parton y Emmylou Harris)
The Blue Train (con Dolly Parton y Emmylou Harris)
Feels Like Home (con Dolly Parton y Emmylou Harris)
Gentle Annie (con Kate y Anna McGarrigle)
Please Remember Me (con Aaron Neville)
After the Gold Rush (con Valerie Carter y Emmylou Harris)
Moonlight In Vermont (con Frank Sinatra)
El Camino (con Pete y Mike Ronstadt)
All My Life (con Aaron Neville)
Don't Know Much (con Aaron Neville)
Back in the U.S.A. (con Chuck Berry)
El Sol Que Tu Eres (con Danny Valdez)
Telling Me Lies (con Dolly Parton y Emmylou Harris)
Somewhere Out There (con James Ingram)
I Think It's Gonna Work Out Fine (con James Taylor)
I Never Will Marry (con Dolly Parton)
Prisoner in Disguise (con J. D. Souther)
Faithless Love (con J. D. Souther)
I Can't Help (It If I'm Still in Love with You) (con Emmylou Harris)

Disco 4:

Gainesville
Sandman's Coming

My Hero

All I Have to Do Is Dream (con Kermit the Frog)

Dreams to Dream

The Blacksmith

Bandit and a Heartbreaker

Keep Me from Blowing Away

The Sweetest Gift

Freezing

Poor Wandering One

Sorry Her Lot

I Want a Horse

All That You Dream

Hearts Against the Wind

Tumbling Dice

Border Town

Falling Star

Honky Tonk Blues

Lightning Bar Blues

Why

I'd Like to Know

Everybody Has Their Own Ideas

8. LINDA RONSTADT — *THE VERY BEST OF LINDA RONSTADT* — RHINO — 2002

When Will I Be Loved

Heat Wave

You're No Good

It's So Easy

Blue Bayou

Just One Look

Different Drum

Poor Poor Pitiful Me

The Tracks of My Tears

That'll Be the Day

Ooh Baby Baby

Long Long Time

Back in the U.S.A.

Love Is a Rose

Hurt So Bad

Heart Like a Wheel

Adios

Somewhere Out There

Don't Know Much

All My Life

Winter Light

9. LINDA RONSTADT — *JARDÍN AZUL: LAS CANCIONES FAVORITAS* — RHINO — 2004

La Charreada

Rogaciano el Huapanguero

Cuando Me Querías Tú

Lo Siento mi Vida

Mi Ranchito

La Cigarra

Perfidia (versión en español)

Siempre Hace Frio

La Mariquita

Quiéreme Mucho

Verdad Amarga

Por Un Amor

El Sol Que Tú Eres

Tata Dios

Adónde Voy

Mentira Salomé

Piel Canela

Hay Unos Ojos

El Sueno

El Crucifijo de Piedra

Índice

Las páginas en cursiva se refiere a fotografías.